La Dieta de los
Batidos
Verdes
Crudos

Si este libro le ha interesado y desea que lo mantengamos
informado de nuestras publicaciones, puede escribirnos a
comunicacion@editorialsirio.com,
o bien suscribirse a nuestro boletín de novedades en:
www.editorialsirio.com

Diseño de portada: Editorial Sirio, S.A.

©   2015, Carlos de Vilanova

©   de la presente edición
EDITORIAL SIRIO, S.A.

EDITORIAL SIRIO, S.A.	NIRVANA LIBROS S.A. DE C.V.	DISTRIBUCIONES DEL FUTURO
C/ Rosa de los Vientos, 64	Camino a Minas, 501	Paseo Colón 221, piso 6
Pol. Ind. El Viso	Bodega nº 8,	C1063ACC
29006-Málaga	Col. Lomas de Becerra	Buenos Aires
España	Del.: Alvaro Obregón	(Argentina)
	México D.F., 01280	

www.editorialsirio.com
sirio@editorialsirio.com

I.S.B.N.: 978-84-16233-60-1
Depósito Legal: MA-471-2016

Impreso en Imagraf Impresores, S. A.
c/ Nabucco, 14 D - Pol. Alameda
29006 - Málaga

Impreso en España

Puedes seguirnos en Facebook, Twitter, YouTube e Instagram.

CARLOS **DE VILANOVA**

La Dieta de los
Batidos
Verdes
Crudos

Un manantial de salud
y bienestar a tu alcance

3 1336 09218 2121

editorial Sirio

La dieta de los BATIDOS VERDES

Introducción

Nada es casual. El éxito actual de los batidos verdes y los licuados de frutas y verduras para adelgazar o recuperar la salud tampoco lo es. Si quieres rejuvenecer tu piel y tu aspecto general, tener más energía, recuperar tu salud maltrecha, dormir mejor, tener mejor digestión, reforzar tu sistema inmunológico, etc... los batidos verdes realizados con vegetales crudos y frutas son la solución más fácil y rápida que puedes hallar. Con los batidos verdes crudos dispondrás de los mejores suplementos nutricionales que existen, enzimas, minerales y vitaminas, que son justamente los que proporciona la naturaleza para el ser humano.

He sido vegetariano más de la mitad de mi vida y sigo siéndolo hoy día a los 53 años. En el 2007 unas setas en conserva, consumidas en un restaurante, estuvieron a punto de costarme la vida. Tras la intoxicación, durante meses peregriné entre médicos y naturistas buscando una solución a mi estado de fatiga crónica, fibromialgia, anemia, indigestión permanente y extrema delgadez y debilidad. Así fue como encontré la limpieza hepática,[1] una técnica prácticamente desconocida por entonces, con múltiples ventajas para la salud. Pero si bien la limpieza hepática ayuda mucho, no lo es todo. Suelo comparar nuestro cuerpo con un vehículo, y hablo a menudo de limpiarle los filtros y de hacer el mantenimiento, eso es la limpieza hepática e intestinal, pero creo que ahora hay que añadir también la necesidad de proporcionarle un com-

bustible de la mejor calidad posible. Eso son los batidos verdes crudos.

Con esto quiero decir que tras llevar una dieta vegetariana, realizar limpiezas hepáticas y limpiar a fondo los intestinos con hidroterapia de colon, creo que no hay nada tan relevante para curarse y mantener la salud como el hecho de incorporar a nuestra vida la alimentación cruda en forma de batidos verdes. Cuando los alimentos están crudos, todos los átomos que los integran están magnetizados con la vitalidad de la planta por las enzimas que contienen pues cocinarlos es matar la vida de la planta y perder su principio vital, el más importante para la salud.

Los vegetarianos solemos comer crudos, pero por lo general nunca lo hacemos de modo suficiente. Ese era también mi caso. Buscando cómo añadir enzimas y alimentos sin procesar a mi dieta habitual encontré primero la hierba de trigo y luego los batidos verdes o *smoothies* como se los conoce en el ámbito anglosajón. Yo sabía que mi dieta y la de mi familia,[2] también vegetariana, estaban necesitadas de más alimentos crudos, pero no sabía bien cómo incorporarlos, por eso, cuando descubrí los batidos verdes, rápidamente me sumé a sus seguidores. Eran la solución mas fácil para incorporar vegetales de hoja —llenos de enzimas vivas,

nutrientes y vitaminas– que prolongan y permiten recuperar la salud a todos los niveles, y que la cocción eliminaba casi por completo.

Sus posibilidades me parecieron enormes para los enfermos que conocía y empecé a animarlos a tomar batidos verdes de vegetales crudos y frutas. En las conferencias que ocasionalmente doy, algunos se interesan por ellos y me preguntan cómo prepararlos. Bien, para todos ellos se escribió este libro, porque se trata de que conozcan y comprendan las virtudes maravillosas que se esconden tras los batidos verdes crudos.

Este libro te va a enseñar algunas cosas muy sencillas, pero demasiadas veces lo sencillo se nos escapa; este es un mundo complicado. Seguramente has hecho muchas veces batidos de frutas y es probable que nunca hayas añadido verduras. ¡Vas a ver que es realmente sencillo! Con los batidos podremos hacer múltiples combinaciones que nos aporten enzimas, vitaminas y minerales, pero también proteínas, fibra e hidratos de carbono. Las enzimas se han puesto de moda por una razón: porque son vitales y sin ellas nada funciona. Si no hay enzimas suficientes en tu organismo, por muchas vitaminas, hormonas y proteínas que poseas

estas no servirán de nada. La clave de tu salud está en las enzimas, ya que entre otras funciones, multiplican las reacciones químicas metabólicas, favorecen la digestión y fabrican energía para las células. Otrora se las denominaba «*fermentos*», pues son como una levadura que estimula al metabolismo.

El cuerpo va despertando, adquiriendo frescura y flexibilidad con los batidos verdes crudos. Es tal el incremento de energía que producen que te entran ganas de empezar el día corriendo, de soltar las articulaciones mediante el movimiento. Además de tener más energía, descansas mejor, y lo notas; respiras más a fondo, la sangre se oxigena y la vitalidad que llevabas tanto tiempo esperando reaparece por fin. Los notarás.

Los batidos verdes crudos son una forma sana, sencilla, rápida y fácil, de preparar los alimentos más nutritivos, y de incorporar sus múltiples beneficios a tu organismo. Son un alimento portátil, fácil de llevar contigo a cualquier parte, bien sea al trabajo, la playa, el campo, la montaña... Pero además, los batidos verdes crudos solucionarán los problemas de salud si te tomas la molestia de prepararlos a diario como indicaremos. Si padeces molestias digestivas, tienes malabsorción intestinal, colitis, anemia, agotamiento, sueño, o simplemente poca fuerza digestiva, tomar batidos verdes crudos te ayudará a metabolizar los nutrientes cuya falta amenazaba tu salud. Al ir desmenuzados los vegetales de hoja, sus componentes son más fáciles de asimilar —incluida la celulosa, para la que no tenemos enzima digestiva— y al poco habrás hecho la digestión. Son fáciles de digerir pero también muy rápidos de preparar. ¡No hay que cocinar durante horas! Ganas tiempo y salud, es decir, todo son ventajas si los incorporas a tus costumbres.

Son muy fáciles; son muy buenos; son ricos y ¡son muy sanos! Consumiéndolos no perderás nada, y sin embargo puedes ganarlo todo; realmente, ¿a qué esperas?

LOS ASOMBROSOS
BATIDOS VERDES

La dieta de los BATIDOS VERDES

Los asombrosos batidos verdes

Llevo una gran parte de mi vida siendo vegetariano y por eso hace ya mucho que no persigo convencer a nadie. He pasado por todas las etapas y sé que cada uno encuentra lo que necesita en el momento apropiado. De ahí que solo comparta mi opinión cuando ocasionalmente me la solicitan personas sinceramente interesadas o escribo alguna referencia en algún libro. Observo, curiosamente, que este tema de los batidos verdes despierta mucho interés dondequiera que lo menciones, un interés contagioso, casi viral, que dirían algunos. Especialmente cuando hablas de la facilidad de su preparación y de las magníficas virtudes que comportan para la salud general.

Son ciertamente asombrosas sus cualidades nutricionales, por lo que coincido con Victoria Boutenko[1] en el extraordinario poder revitalizante y curativo de los mismos, y en que son una auténtica revolución de cara al futuro de la salud humana. Los considero también una buena introducción al vegetarianismo y sus virtudes.

Los batidos tal como los conocíamos hasta ahora solían contener leche y fruta. Sin embargo, no son estos los batidos a los que nos referiremos en este libro, sino a los batidos de verduras y fruta. Son *batidos* porque se hacen en la batidora de vaso, pero no contienen leche de vaca y sí frutas combinadas con vegetales de hoja verde preferentemente. Esos son los batidos verdes crudos cuyo consumo promovemos y que pueden contener también leche pero que sea de origen vegetal, como la leche de avena, de arroz, de soja o de almendra, si bien no es un ingrediente imprescindible. No son por tanto los clásicos batidos, sino BATIDOS VERDES provenientes de vegetales crudos cuyo sabor se matiza con fruta.

Los batidos verdes son conocidos desde que se inventaron las batidoras y licuadoras a principios del siglo XX, pero actualmente su interés dietético se ha disparado en parte porque las *celebrities* como Jennifer López o Elsa Pataky los utilizan para mantener la línea. Pero no son nuevos, se reinventan cada cierto tiempo, como la moda, tal como le sucedió a la limpieza hepática, aplicada por los médicos en Boston a principios

del siglo XX, hasta que fue sustituida por la cirugía de vesícula, que era más rentable económicamente para las clínicas que darles aceite y sales de Epsom a los pacientes.

Pero los batidos verdes se han puesto de gala en la actualidad con mucha razón dados sus magníficos resultados a todos los niveles. Lo importante es que el mensaje de salud que contienen está calando definitivamente en la sociedad y cada vez más personas son conscientes de los beneficios de tomar batidos verdes de vegetales crudos y fruta, para mantener y restaurar su salud. También para contrarrestar los efectos de la comida basura que nos rodea por

doquier e incluso para minimizar los efectos secundarios de técnicas agresivas como es la quimioterapia o la radioterapia.

Los batidos verdes crudos restan horas de trabajo al aparato digestivo al presentarle los nutrientes de los vegetales mas saludables ya licuados y separados de su fibra, totalmente listos para ser asimilados. Cada día sin excepción hay que tomar al menos un plato de vegetales: lechuga, zanahoria, remolacha, tomate, canónigos, cebolla, ajo, apio, pepino... y un par de grandes vasos de batidos verdes crudos.

La comida es vida o muerte, según lo que elijas comer. Come alimentos vivos, crudos, sin cocinar, para así garantizar tu salud. Si no bebes batidos verdes crudos es muy probable que no obtengas todas las enzimas que necesita tu cuerpo, salvo que tu alimentación contenga muchos crudos, lo cual es difícil e inhabitual. Las células necesitan nutrición viva, proveniente de alimentos sin cocinar que nos aporten la vitalidad que contienen: las enzimas.

Depura tus toxinas con los extraordinarios BVC

Lo primero que me preguntan cuando menciono los batidos verdes crudos es «¿de qué?». Bien, pues de vegetales, frutas y agua, respondo. Hojas verdes de espinacas, canónigos, hierba de trigo, brécol, acelgas, lechuga, escarola, col rizada, zanahoria, remolacha... y todas las verduras que se te ocurran de cultivo orgánico. Mi opinión personal es que la mejor de todas ellas es la hierba de trigo, por su increíble proporción de nutrientes, pero los demás también tienen múltiples propiedades necesarias.

Es posible desintoxicarse y adelgazar con los batidos verdes crudos. El mejor modo de cuidarse es preparar cada día un batido de vegetales crudos con fruta del tiempo. Hay que tomarlos dos veces al día, a razón de medio litro en cada ocasión. Si quieres obtener mejores resultados y más rápidos puedes tomar varios litros o sustituir las comidas por los batidos. Eso es lo recomendable en casos de enfermedad. Si no, pueden tomarse al desayuno y a la merienda, procurando prepararlos con vegetales orgánicos y frutas de todo

tipo. Pero el resto de la dieta también tiene que ser lo más alcalina posible. Esto afianzará la recuperación.

Los batidos verdes crudos son la mejor manera de tomar vegetales y sus nutrientes, ampliando así nuestro nivel de energía. La vitalidad que aportan queda comprobada por el maravilloso despertar de nuestra energía, largo tiempo olvidada y siempre bajo mínimos, debido al consumo corriente de alimentos cocinados. De repente, el manantial de enzimas y vitaminas de los batidos verdes crudos provoca un despertar de los órganos, colapsados por la deficitaria alimentación de la sociedad actual. Nos levantamos más recuperados del descanso nocturno, nos apetece correr, saltar, nadar, bailar... la energía llena nuestras células y el optimismo se expande cada día. Irradiamos salud y brillo en la piel, los cabellos se revitalizan, la energía sexual se incrementa, rebosamos magnetismo... Así es la salud.

La mejor solución para provocar un cambio en nuestro estado energético es consumir cada día un litro de batido, y sus resultados no se harán esperar: lucidez, alegría y vitalidad a raudales darán testimonio del cambio producido en nuestra salud. El entusiasmo que provocan es precisamente debido a este choque energético que desencadenan, liberando al cuerpo de toxinas que lo oprimieron quizá durante décadas. Los batidos verdes crudos te renovarán el ánimo y revertirán tu estado patológico. Combaten la depresión, aportan optimismo por el impacto energético que producen. Lo notarás y te lo notarán. Son una nueva oportunidad que se cruza en tu vida, una oportunidad que no debes dejar pasar.

Los medicamentos son perjudiciales aunque puedan corregir estados puntuales. Lee los prospectos. A través de ellos los laboratorios se lavan las manos y se protegen de las demandas judiciales: los clientes potenciales han sido avisados de los riesgos y, una vez informados, han decidido libremente tomar el medicamento. Pero ¿pueden también hacer daño los batidos verdes crudos? No, sus efectos secundarios no existen, salvo que consumas siempre el mismo vegetal de hoja a diario, y solo ese. El organismo necesita variación

en sus alimentos, y de este modo no tienen efectos secundarios. Todos sus efectos son «primarios», es decir, saludables. Lo que es bueno para la salud no puede menoscabarla. Y a la inversa, lo que la menoscaba no puede darla. Por eso los medicamentos no curan, sino que esconden síntomas, obligando al organismo a cronificar el problema.

Si puedes comprar los aparatos más caros para prepararlos excelente, si no, adquiere los menos costosos, porque el peor batido es el que no se toma. Yo uso batidoras y licuadoras baratas y, en vez de extractor de hierba de trigo, uso una batidora de brazo tipo *minipimer*. Seguro que

no extrae todo tan bien, pero ¿para qué complicarse con precios disparatados?

La digestión es lo que determina nuestro nivel de energía. Es probable que tras un tiempo de consumir batidos verdes crudos se te vayan las canas, o al menos eso refieren algunos. O que, de pronto, aparentes menos edad. Pero lo mejor de todo es que te sentirás mucho más joven que antes.

Los batidos verdes crudos son un alimento versátil. Se pueden llevar en una botella o *tupper* a cualquier lado y tomar sin ninguna preparación especial ni procedimiento culinario. Son un **bocadillo líquido**, pero completamente sano. Puedes

llevarlos a la playa o la montaña cuando hagas deporte, siempre en bote hermético, y así dispondrás de alimentación e hidratación abundante. Puedes llevarlos al trabajo para tomar a media jornada, en vez del clásico café o tentempié graso tipo *croissant*. El café deshidrata al organismo, y excita las neuronas con el látigo de la cafeína, pero con los batidos verdes crudos tu estarás hidratando tu organismo con agua, enzimas, vitaminas, minerales... y limpiando tus intestinos con la fibra que contienen.

Es un secreto que no podrás evitar compartir entre tus compañeros de trabajo, que te preguntarán qué es eso verde que tomas. Al ver los resultados, o incluso antes, querrán probarlo porque es contagioso. El ser humano es curioso por naturaleza, y ¡los batidos verdes le atraen sobremanera! Su consumo responde al sentido común de que lo bueno hace bien. Con el uso de fármacos este sentido parece haberse perdido, pero dales a probar tu batido y estarás ayudándolos a descubrir un manantial de salud asombroso.

En una sociedad cada vez más artificial, el futuro de la nutrición ya está aquí. Son los batidos verdes crudos.

Batidos verdes alcalinos

Este es un programa nutricional que puede salvarte la vida si lo incorporas a tus hábitos. Desde que el doctor Otto Warburg recibió el premio Nobel de medicina en 1931 por descubrir que el medio ácido es la causa primaria del cáncer, sabemos también como enfrentarlo: propiciando un medio interno lo más alcalino posible. Bien, pues no hay nada que alcalinice tanto el organismo como los batidos verdes crudos. De ahí provienen las numerosas dietas del pH alcalino.

El pH o potencial de hidrógeno es la capacidad que tienen los átomos para intercambiar sus electrones. El pH se mueve en una escala que va de muy ácido, designado con el número 1, a muy alcalino, señalado con el número 14. El 7 es por tanto el punto neutro entre ambos grados, ni ácido ni básico o alcalino. El cuerpo humano tiene un pH ligeramente alcalino de 7,35 y en ese punto de equilibrio está la salud. Los alimentos ácidos lo llevan a un lado del espectro, enfermándolo, mientras que los alimentos alcalinos lo protegen. Alcaliniza tu dieta o la enfermedad se cruzará antes o después en tu camino.

Alcalinizar quiere decir tomar alimentos vegetales crudos, vivos, en la mayor cantidad que sea posible pero especialmente si padeces alguna enfermedad. Y si no la padeces, deberías hacerlo igualmente para evitarlo en el futuro. Tu dieta debe

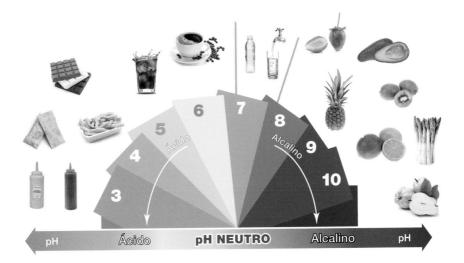

contener aproximadamente el 80% de alimentos alcalinos y no más de un 20% de alimentos ácidos. Los alimentos cocidos son ácidos, por lo que debes procurar en la medida de lo posible cocinarlos al vapor e incrementar la ingesta de crudos.

Fibra y batidos

La diferencia entre zumos de verduras y batidos es que estos últimos contienen la fibra de los vegetales, mientras que con los zumos esta es desechada por parte de las máquinas extractoras. La fibra insoluble no se digiere en el organismo porque carecemos de la enzima celulasa, que descompone e hidroliza la celulosa que la forma. Pero por esa razón la fibra insoluble nos sirve de escoba intestinal, ayudando a limpiar, mover y purificar los intestinos por su capacidad de barrido y eliminación. Por eso, consumir fibra es fundamental para tener salud y se debe consumir también el agua suficiente para que esta se hinche (caso de la soluble) y cumpla su función de masaje y de limpieza intestinal. Pero si no bebemos suficiente agua, la fibra soluble puede ser contraproducente incluso, llegando a obturar el tránsito intestinal y formando fecalomas que atascan el vaciado del colon. Si no consumimos fibra en abundancia

los restos alimenticios se acumularán en el colon en espera de un vaciado que no llega, por lo que el hígado se verá más sobrecargado al tener que depurar todo tipo de toxinas contenidas en el colon, tales como hormonas lácteas y toxinas procedentes de la carne, que fermentan y se pudren en el intestino.[2]

Las personas que siguen dietas ricas en fibra no suelen padecer de cáncer, y esto se revela cuando observamos a la población de ciertos países que ingieren dietas ricas en fibra alimenticia y que prácticamente no lo padecen. En China, Corea y Japón, hasta los años 70 del pasado siglo no se consumían lácteos ni tampoco mucha carne, y por eso presentaban tasas mínimas de las enfermedades típicas de Occidente. No existían para ellos las enfermedades cardíacas, el cáncer de próstata, de colon, de mama, o la esclerosis múltiple... pero con la occidentalización de su estilo de vida todo esto cambió, revelándonos hasta qué punto las decisiones alimentarias dan salud o la quitan.

Tomar fibra, como tomar leche, es algo cultural, elegible por las personas bien informadas. El que desconoce cierta información se ve siempre obligado a seguir al rebaño. Mucha fibra y mucha agua van unidos y son imprescindibles para la salud, especialmente en los climas más cálidos por la alta sudoración. Si no consumimos fibra, el intestino grueso se acortará por falta de la expansión que esta provoca, y lo peor es que se rellenará con una masa viscosa y pegajosa que no se podrá expulsar, bloqueando la salida de los restos de los alimentos e intoxicándonos. Incluso los gases pueden llegar a bloquearse en su salida dando lugar a dolorosos cólicos por el efecto globo[3] al que someten al colon. Eso es justamente lo que les sucede a los que no consumen fibra suficiente, que también padecen de estreñimiento crónico.

Los batidos verdes crudos en cambio aportan agua y sobre todo mucha fibra que se acompaña de los maravillosos nutrientes y enzimas que los componen.

Hay dos tipos de fibra, las *solubles* y las *insolubles*. Las solubles se disuelven en agua y sirven a la flora intestinal como sustrato multiplicador de la misma. Además, este tipo de fibra sirve para masajear suavemente los intestinos, barriendo lentamente los restos allí presentes y con un efecto quelante (absorción de metales pesados), por lo que ayudan a desintoxicarnos de toxinas peligrosas. Al ralentizar la absorción de grasas y azúcares, la fibra soluble también equilibra el azúcar en sangre y el colesterol, provocando saciedad en el estómago tras su ingesta. El peristaltismo se ve promovido de forma lenta y segura por la fibra soluble porque esa es otra de sus funciones, retardar el movimiento intestinal y dar sustento a la flora allí contenida.

La fibra soluble se compone de mucílagos, pectinas, inulina, gomas, alginatos y hemicelulosas que se hallan presentes en las frutas, verduras, legumbres, cereales, algas... Las manzanas son especialmente ricas en pectina y son unas grandes aliadas del intestino sano, incluida su piel. Lo malo son las concentraciones de pesticidas, por lo que si no son orgánicas hay que tener la precaución de pelarlas, restando parte de su eficaz labor.

Las algas contienen mucílagos como el alginato siendo una de ellas, la agar-agar, un laxante muy utilizado. Aunque solo sea por la fibra que contienen, debemos incorporar las algas al consumo diario (espirulina, wakame, kombu, nori, hiziki...). Hacer batidos con algas mejorará el estado intestinal de aquellos que padezcan de estreñimiento, colitis, diarreas, diverticulitis, etc.

Como es una sustancia osmóticamente activa, la fibra soluble tiene una gran capacidad de absorción y retención de agua, por lo que se aconseja tomarla diariamente pero siempre acompañada de una ingesta hídrica suficiente para que sea eficaz.

Las fibras *insolubles* son aquel tipo de fibra alimenticia que no se disuelve en agua y que no se hincha, por tanto en su tránsito por el intestino promueven —con su roce— el peristaltismo y provocan la contracción del colon, acelerando el movimiento intestinal, al revés que las solubles que más bien lo frenan. Esta fibra insoluble arrastra los desechos y aumenta el volumen fecal siendo su principal aportación el realizar un barrido mecánico del colon para su vaciamiento. Predomina en alimentos como el salvado de trigo y otros cereales, y en las verduras. Son poco fermentables y se resisten a la acción de las bacterias del intestino, constituyendo un cepillo o escoba natural que desprende los desechos adheridos a las paredes del colon. Por tanto, facilitan las evacuaciones, y mitigan y previenen el pernicioso estreñimiento.

Regular el tránsito intestinal y mejorar la excreción de residuos es promover la salud orgánica, y no solo eso, es prevenir el cáncer de colon entre otras muchas patologías propias de la civilización. La inclusión de frutas frescas, verduras y derivados de cereales que eviten las harinas refinadas (pan blanco), junto con

Psylium (Plantago Ovata):

Esta semilla molida es un espesante natural que se utiliza para engrosar los líquidos y corregir el estreñimiento. Retiene líquido en el intestino y forma un bolo fecal que mueve el intestino para ayudar en la evacuación de dietas escasas de fibra. Es un mucílago con propiedades laxantes, que

arrastra el contenido intestinal impactado. Requiere que se beba mucha agua a continuación o podría empeorar el cuadro previo.

Las semillas molidas de *psylium* o *plantago ovata*, además de evacuar el colon también hidratan a su paso los restos allí alojados, ayudando a desprenderlos. La clave es usarlas con mucha agua, porque si no pueden impactarse a su vez. Se toman disueltas: una cucharada en un gran vaso de agua, y a la media hora se toma otro vaso igual de agua solo. Mejor tomarlo por las noches, tres horas después de la cena y justo antes de acostarse. Nunca debes irte a la cama hasta 3 horas después de cenar.

las legumbres, aporta una buena dosis de fibra alimentaria en la dieta al igual que los batidos verdes crudos, que deben también complementarse a posteriori con abundante consumo de agua.

Batidos muy concentrados

Si haces batidos verdes crudos demasiado concentrados (con muchas hojas verdes) su sabor puede resultar demasiado fuerte, sobre todo si utilizas ciertos vegetales de los que luego hablaré. Trata de ser moderado al principio si no quieres que tu familia reniegue de ellos y ve dándoles la concentración que precises más adelante cuando manejes mejor las cantidades y los sabores. Una taza llena de espinacas, sin aplastarlas mucho, es una buena medida para iniciarse en la preparación de los batidos verdes crudos y también para iniciar a otros en su sabor. Mézclalo con 1 litro de zumo de zanahoria y manzana, y observa el rostro de quien lo toma. Será de asombro, porque sabe realmente bien.

Haz tus variantes a partir de las recetas base que te proponemos más adelante y ten cuidado con los vegetales fuertes como son los berros o la rúcula, y con todos aquellos que sean amargos porque dejan un gusto picante y acre. Podrás matizar sabores con las frutas que añadas, especialmente con los maravillosos plátanos,[4] que darán cremosidad y buen gusto al batido. También con la sabrosa piña. Disfruta de los sabores suaves inicialmente y no fuerces la concentración de los batidos mientras vas degustando y reconociendo los sabores, y así no te los tendrás que tomar con la nariz tapada, pues lo que se toma con gusto siempre alimenta más.

Preparando Batidos Verdes

Para prepararlos hay que mezclar el zumo de zanahoria con vegetales, o también preparar zumo de fruta con vegetales. En lugar de zumo de zanahoria o zumos de fruta podemos añadir también leche de avena, arroz, almendra o soja, según el gusto personal y según los nutrientes que queramos aportar en cada caso. Es muy conveniente alternar cada día los vegetales de hoja verde porque contienen cierta cantidad mínima de alcaloides que hay que variar para que no se acumulen en el organismo.

Para evitar los gases e hinchazón es mejor seguir unas normas básicas de combinación de alimentos que cito a continuación y, por ejemplo, no mezclar jugo de zanahoria con frutas. Esto es un ideal que no siempre cumplo, porque yo los mezclo a menudo, especialmente el zumo de zanahoria con manzana, ya que al ser esta una fruta muy neutra no gasifica demasiado. Pero debe ser el ideal a seguir porque siempre es mejor preparar los batidos de vegetales crudos con uno solo de estos ingredientes: o bien zumo de hortalizas (zanahoria o remolacha) o bien zumo de frutas (dulces o ácidas). La fruta también es indigesta cuando se mezclan entre sí las frutas ácidas y las dulces, por eso hay que procurar no combinarlas.

Básicamente considero que existen tres formas principales para preparar los batidos verdes crudos realizando una buena combinación de sus ingredientes. Son las siguientes:

1. VEGETALES + HORTALIZAS (zanahoria, remolacha, calabacín, pepino, pimiento...)
2. VEGETALES + FRUTAS ÁCIDAS (kiwi, naranja, limón, lima, pomelo, piña, mango...)
3. VEGETALES + FRUTAS DULCES (plátano, dátil, uva, pera, papaya, melón...)

A estos tres tipos de batidos verdes se les puede incorporar el zumo de manzana o bien la manzana entera para batir si queremos obtener un aspecto de crema o puré. Le añadiremos siempre agua suficiente para que no esté demasiado espeso. El propio zumo de zanahoria hará que esté todo más licuado y así podremos tomarlo con pajita o directamente del vaso, según gustos.

Correctores del sabor

El sabor de los vegetales crudos, como brécol o acelgas, batidos o licuados en forma de zumo en ocasiones no es muy grato. La ausencia de azúcares naturales en ellos y la presencia de sustancias amargas que son muy buenas para el hígado –pero no para el paladar– los convierten en jugos realmente poco apetitosos en modo crudo. De ahí la necesidad de añadirles sabores que los maticen. Las espinacas y los canónigos son un poco la excepción pues no tienen un sabor fuerte, ni la col rizada tampoco, pero hay otras verduras como los berros que marcan la diferencia.

Las frutas en general son esos camufladores del sabor que necesitamos combinar con los jugos de vegetales. El plátano en este sentido es el rey de los saborizadores. Además convierte al batido en algo cremoso (por eso en inglés se les denomina *smoothie,* que significa untuoso o cremoso). También el hecho de añadir una leche vegetal como la de avena, arroz, almendra o soja matiza mucho el sabor fuerte de los vegetales de hoja verde y los hace también más cremosos y apetecibles aún.

Como en todo, sobre gustos no hay nada escrito, así que tendrás que ir probando hasta dar con la combinación que se adapte más a tu paladar. No se puede pontificar en gustos porque si bien a algunos no les gusta el apio, en cambio a otros nos encanta. Por eso, hay que ir paladeando individualmente cada alimento, y mezclándolo al gusto con sabores de frutas diversos, dependiendo también del clima y la estación del año. Pero siempre indico a los que se inician que al principio las proporciones de verduras deben ser algo más comedidas para luego ir aumentándose poco a poco.

En el apartado de recetas expongo los batidos que yo considero más sencillos y fáciles de saborear inicialmente, pero cada uno debe andar ese camino de un modo particular. Usar vegetales que tienen poco sabor como las espinacas, la lechuga o los canónigos facilita este primer encuentro con las verduras crudas, repito, y los cítricos les otorgan muy buen sabor también y harán que sean apetecibles para los niños. Los batidos verdes crudos son también para ellos la forma más sencilla de tomar alimentos sanos, magnéticos,

revitalizantes y curativos. En realidad, los extraordinarios poderes curativos de los batidos verdes crudos son un camino directo y fácil hacia la salud de todos, niños, adultos y ancianos. Consumiendo batidos su descanso será más productivo, se levantarán más despiertos y más renovados. También es probable que precisen menos horas de sueño. Observa atentamente tu evolución energética a partir del momento que empieces a tomar sistemáticamente los batidos verdes crudos. Verás cómo se incrementa rápidamente a todos los niveles.

Guardar en la nevera

Aunque se pueden conservar bastante bien durante 24 horas, no te acostumbres a beber batidos del día anterior. Prepáralos cada día, y jamás deberían tomarse más allá de las 48 horas desde su preparación. Algunos jugos se oxidan más rápido que otros, por lo que si decides guardarlos échales un poco de zumo de limón que es conservante natural por contener ácido cítrico. El frío del refrigerador conserva también sus enzimas, pero el contacto con el oxígeno los va deteriorando, por lo que no es conveniente tomarlos más de 24 horas después de prepararlos, sino que lo recomendable es tomarlos en el mismo momento, o bien a lo largo de ese día.

Beber fríos los batidos

Cuidado con esto. No bebáis batidos fríos en invierno, sino siempre a temperatura ambiente, es decir tal como los preparáis. En verano la cosa cambia, podéis añadir algo de hielo o fruta fría, siempre según la climatología del lugar, pero con cuidado porque el frío puede alterar la temperatura digestiva. La ingestión de sustancias frías consume energía (algunos dicen por esto que ayuda a adelgazar) pero el coste digestivo puede ser caro, sobre todo en personas débiles de salud y con escasa fuerza digestiva. Lo más probable es que les provoque gases e hinchazón, especialmente cuando bebemos batidos fríos en invierno y en zonas frías como es el norte y noroeste de España. Por eso, en invierno es mejor añadir un chorrito de agua caliente y luego revolverlo, de tal modo que quite el frío del batido recién extraído de la nevera. Esto nos evitará la formación de gases en el estómago y nos procurará una correcta digestión. Solo los que padecen de inflamación de estómago (gastritis crónica) no soportan las bebidas calientes, y siempre consumen bebidas frías, incluso en invierno. Es porque el frío de la bebida aplaca su ardiente inflamación gástrica. Al revés les sucede a los que tienen hipoclorhidria (o aclorhidria), es decir poca fuerza digestiva. A estos el líquido frío o la comida fría les sienta mal, incluso en tiempo de calor. Por esa razón, están siempre tomando tisanas y bebidas calientes después de comer, porque de modo práctico han aprendido que aumentar la temperatura de su digestión les ayuda a digerir mejor. Los batidos verdes crudos beneficiarán a ambos, pero hay que huir de los extremos y jugar con la temperatura de los mismos para que nos beneficien lo máximo posible. El uso de jengibre u otras especias, puede ayudar y aportarán también calor a los que padezcan de atrofia gástrica.

Por otra parte, los batidos verdes crudos desinflaman el aparato digestivo a todos los niveles y facilitan la evacuación de los residuos del metabolismo, por lo que ayudarán a corregir estos estados patológicos poco a poco.

Las propiedades de los vegetales de hoja verde

Clorofila

La sangre de los vegetales o clorofila es producida por las hojas de los vegetales tras la captación de energía solar, que se convierte así en energía química. La clorofila es auténtica luz en estado líquido.

En 1913, un químico alemán, el doctor Richard Willstätter, encontró que la molécula de clorofila tenía un parecido sorprendente con la hemoglobina, excepto por el átomo central que en la hemoglobina es el hierro mientras que en la molécula de clorofila es un átomo de magnesio. Este parecido deviene en sus múltiples propiedades para nuestra salud y es muy revelador porque apunta a los mismos principios de funcionamiento en ambas. De ahí que consumir la

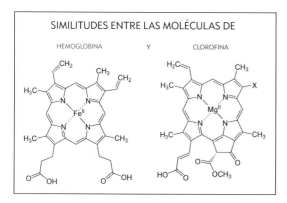

SIMILITUDES ENTRE LAS MOLÉCULAS DE

HEMOGLOBINA   Y   CLOROFINA

clorofila presente en los vegetales de hoja redunde en un claro efecto antianémico.

El poder oxigenante y depurativo de la clorofila es enorme ya que contiene un alto nivel de oxígeno el cual pasa directamente a la sangre, alcalinizándola. Se ha contrastado el rápido aumento de los glóbulos rojos al tomar diariamente clorofila en forma de vegetales como la hierba de trigo. Cuanto más verde oscuro sea el color de las hojas verdes batidas, más clorofila contendrán.

La clorofila es cicatrizante, potencia el sistema inmunitario, regula la acidez orgánica y promueve la flora intestinal benéfica.

El color verde intenso delata la clorofila y la clorofila se compone de magnesio. A diferencia del Mg inorgánico presente en los suplementos de laboratorio, el Mg de la clorofila es totalmente orgánico y por tanto cien por cien asimilable por el organismo, y al instante. Orgánico significa precisamente eso: asimilable por el organismo. Solo los minerales orgánicos, es decir que han sido procesados por los vegetales, se absorben a la perfección en el cuerpo. Los minerales inorgánicos, como los presentes en el agua embotellada por ejemplo, lo único que hacen es sobrecargar el riñón y producir cálculos de diverso tipo. Intoxican y sobrecargan.

El magnesio orgánico presente en la clorofila nos ayuda en los estados de estrés, mal descanso nocturno, síndrome de piernas inquietas, eleva la respuesta inmune, mejora la calcificación ósea y fabricación de insulina, promueve la eliminación de grasas acumuladas, equilibra el pH... etc.

Todos los procesos patológicos mejoran con la ingesta de clorofila porque no solo alcaliniza y renueva la sangre, sino que también mejora la actividad hormonal y enzimática, eliminando toxinas, y resistiendo a las infecciones. Potencia la fabricación de insulina y regenera el sistema nervioso. Los batidos verdes crudos son, por tanto, una magnífica forma de incorporar este mineral —el magnesio—, ciertamente deficitario en nuestra alimentación, a partir de la luz líquida denominada clorofila.

Enzimas

Palabra de moda, ¿qué es eso tan repetido de las enzimas? —te preguntarás.

Bien, pues las enzimas son el principio vital que hace que las plantas germinen y crezcan. Son unas sustancias tan complejas como desconocidas para la gran mayoría, y sin embargo su importancia en nuestra vida es total. Afortunadamente ahora lo estamos comprendiendo, con las ventajas que ello conlleva.

Según el doctor Edward Howell, máxima autoridad mundial en la materia, las enzimas son las sustancias que hacen posible la vida pues son necesarias en cada reacción que se lleva a cabo en el organismo. De hecho, nuestro cuerpo es la suma de una reacción de enzimas, ordenada y sucesiva, que propicia de este modo la vida orgánica. Sin ellas no habría vida. Las vitaminas, proteínas, sales minerales, hormonas, etc., son, por así decirlo, los materiales con los que se construye tu cuerpo, pero las enzimas son los trabajadores que hacen ese trabajo de construcción, y su principio vital último aún nos es desconocido porque es etérico.

Según el doctor Howell, todos heredamos cierta cantidad de enzimas o potencial de enzima, a lo que el Dr. Hiromi Shinya denominó *La enzima prodigiosa*.[5] Según ambos, cada persona posee al nacer determinada cantidad limitada de enzimas que deberá administrar como la cuenta de un banco. Si ingresa más de lo que gasta, todo irá bien. Pero si las agota, la enfermedad y la muerte acecharán.

Si comemos alimentos vivos, plenos de enzimas, las repondremos, y si comemos alimentos muertos (cocidos y procesados) las estaremos agotando. Por eso los enfermos debieran consumir tan solo alimentos muy ricos en enzimas (crudos), que son también los más alcalinizantes, precisamente porque contienen enzimas.

Las enzimas son unas moléculas de proteínas que son imprescindibles no solo en la digestión, sino en los procesos inmunitarios frente a patógenos, para la curación de las heridas, en los cuadros inflamatorios, etc. Son muy importantes porque tienen múltiples propiedades a nivel depurativo, curativo, inmunitario y defensivo, de tal modo que son imprescindibles para la vida.

En los granos y semillas las enzimas se hallan en estado latente, pudiendo conservarse así durante miles de años, hasta que disponen de un sustrato adecuado y se «animan» dando vida a la planta. Hay granos de trigo enterrados con momias egipcias que se han activado miles de años después al plantarlos, brotando correctamente la hierba de trigo. En las enzimas está el principio vital por el que nacen y crecen las plantas, y que se nos transmite como alimento, como sucede con la hierba de trigo que luego veremos.

Las enzimas participan en todo lo que sucede en tu organismo. Asisten en el almacenamiento de azúcar en el hígado en forma de glucógeno; participan en la formación de urea en la orina; fijan el fósforo en los huesos, y el hierro en los glóbulos rojos; abren el óvulo para que entre el espermatozoide; mantienen fluida la sangre, y atacan las toxinas y desechos para protegernos. Incluso algo tan habitual como es la respiración sería imposible sin las enzimas, pues cuando inhalamos aire la enzima *oxidasa* extrae el oxígeno del mismo y la enzima *nitrasa* extrae el nitrógeno. El primero servirá como comburente en los procesos de combustión celular para obtener energía, y el segundo servirá para la formación de proteínas en el organismo. Y

lo mismo sucede con el metabolismo de la comida. Docenas de enzimas están implicadas en la metabolización de los alimentos, extrayéndose gracias a ellas sus principios básicos. Hay incluso quien dice que las enzimas «*digieren*» al cáncer. Aunque en mi opinión más bien lo neutralizan al revertir las condiciones de acidez orgánica que lo propician.

En todo caso, las enzimas son unas sustancias altamente específicas y con una clara función insustituible cada una de ellas, casi como si tomaran decisiones inteligentes.

Los nombres de todas las enzimas terminan en «*asa*» (proteasa, lipasa, amilasa, sacarasa...), excepto algunas descubiertas previamente a esta nomenclarura, como son la tripsina y pepsina, pero ellas también son enzimas. De hecho ahora se denominan *tripsinogenasa* y *pepsinogenasa*.

El hígado y el páncreas las fabrican y las contienen en sus jugos digestivos, pero no a todas las que necesitamos, y por eso siempre precisamos de un aporte externo de modo continuado. Cuantas más incorpores mediante la alimentación correcta, menos tendrá que metabolizar y gastar tu sistema hígado/páncreas.

El problema de incorporarlas con los alimentos es que el calor las destruye. Por eso no están presentes en los alimentos cocinados, especialmente cuando estos han sido sometidos a temperaturas superiores a 45 grados.[6] Imagina que tienes dos semillas, una cruda y otra cocida. Si las plantas, ¿de cual crees que brotará la vida?

Los zumos a la venta se pasteurizan perdiendo así también sus enzimas, y con ellas todo su poder curativo y regenerador. No tires el dinero comprándolos porque los zumos comerciales son zumos muertos, pues pasteurizar es matar los alimentos.

Alimentos vivos son aquellos que son ricos en enzimas, fermentos catalizadores de reacciones bioquímicas complejas que promueven siempre la salud y la vitalidad de los

organismos. El cuerpo fabrica muchos miles de enzimas diferentes, tantos como reacciones bioquímicas específicas mantiene. Si le proveemos de ellas, en gran medida se ahorrará tener que producirlas él, y le dotaremos de un excedente de energía a todos los niveles, multiplicando su capacidad para metabolizar y procesar los alimentos. Ingerir estas sustancias prodigiosas en forma de batidos verdes crudos, hará que el organismo disponga de más energía para la depuración de toxinas acumuladas y para la revitalización del propio organismo.

Consumir enzimas vivas es el mejor de los medicamentos

De nada sirve tomar suplementos de vitaminas y minerales si no posees enzimas suficientes en tu dieta o en tu cuerpo. A la inversa, si tomas suficientes enzimas probablemente no necesitarás tomar suplementos vitamínicos. CUANDO NO INGERIMOS SUFICIENTES ENZIMAS CON LOS ALIMENTOS DEL DÍA, POR HABERSE DEGRADADO ESTAS EN LA COCCIÓN DE LOS MISMOS, PODEMOS SENTIR UNA NECESIDAD PERMANENTE DE COMER. Buscamos en la nevera sin saber por qué, y ni siquiera el qué. Es el llamado *picoteo*, que sin responder a un estado hambriento, nos obliga a buscar continuamente algo que llevarnos a la boca. Dicen que es un apetito psicológico,[7] y en algún caso puede que lo sea, pero la mayoría de las veces lo que estamos necesitando de verdad son enzimas vivas, los catalizadores de reacciones bioquímicas imprescindibles para la salud. El cuerpo es sabio. Por eso consumir batidos verdes crudos eliminará o reducirá la necesidad del picoteo.

Hay tres tipos de enzimas, las *digestivas* y las *metabólicas* (ambas endógenas) y las procedentes *de las plantas* que consumimos, es decir exógenas o externas al organismo. Las *digestivas* sirven al organismo para descomponer y asimilar los alimentos. Las segregan las glándulas salivares, el estómago y el intestino. Son muy conocidas las enzimas del páncreas: la *amilasa* que ayuda a digerir los hidratos de carbono o almidones, la *peptidasa* que digiere a nivel intestinal las proteínas, y la *lipasa* que digiere las

---

Idea importante

Si la mayoría de tus alimentos son cocinados, tu organismo tendrá que producir todas las enzimas requeridas para tu digestión, y con el tiempo enfermarás porque tendrás que extraerlas de tu reserva de enzimas en los órganos y tejidos. Por tanto, lo mejor que puedes hacer por tu salud es ingerir muchas enzimas de plantas crudas para que el cuerpo no se vea agotado al tener que fabricarlas a partir de tus enzimas madre (o enzimas prodigiosas) acumuladas.

---

grasas al mismo nivel. Sin estas enzimas no hay digestión posible.

Las enzimas *metabólicas* sirven para mantener cientos de miles de procesos vitales que se dan en el organismo, existiendo una enzima específica para cada uno de ellos. Por último las *enzimas de las plantas* trabajan directamente en el organismo al ser consumidas; primero lo hacen a nivel de la boca y del estómago, donde predigieren los alimentos, y luego colaboran en el duodeno, con las enzimas endógenas digestivas provenientes del páncreas. De ahí la importancia de tomarlas cada día conjuntamente con nuestros alimentos desvitalizados, para no agotar así nuestro potencial de enzima.

No es fácil abandonar toda una vida consumiendo alimentos cocinados y procesados. Cambiar de hábitos es muy duro y difícil, sobre todo si tienes que volverte crudivegano. Por eso, si la necesidad no te obliga, lo mejor que puedes hacer para poder aumentar la tasa de enzimas de tu organismo es añadir a tu dieta los batidos verdes crudos. Beber los batidos a diario, a media mañana y a media tarde, puede cambiarnos la vida para bien. Los batidos verdes crudos nos proveen de la vitalidad enzimática que precisa el organismo para sus miles de reacciones químicas. No en vano, las enzimas han sido definidas también como «*la chispa de la vida*».

En ocasiones, cuando hay intolerancias alimentarias a proteínas, grasas, etc., el problema reside en una insuficiencia en enzimas que digieran ese tipo de proteína o grasa de una manera adecuada. Por ejemplo, la *peptidasa* digiere las proteínas reduciéndolas a sus componentes, los aminoácidos. Por eso, a alguien que padezca intolerancia a las proteínas probablemente lo que le hace falta son más enzimas del tipo *peptidasa*. Y esta incapacidad de digerir proteínas redundará en múltiples síndromes orgánicos, comprometiendo al sistema inmunitario, al colon, etc. Todo está encadenado, y todo surge a partir de estas prodigiosas sustancias apenas conocidas.

Se sabe que los enfermos crónicos tienen un bajo índice de enzimas en su sangre, orina, heces e incluso en los tejidos. También que durante la batalla contra la enfermedad el ciclo productivo de estas aumenta, lo cual es lógico, pero lo hace a costa de las que tenemos en reserva. De ahí la importancia de incorporarlas masivamente para curarnos.

¿Cómo saber si tengo déficit de enzimas? Según sea tu estado de salud, pues hay una correlación entre tu estado energético y de salud y tus enzimas. Si sufres intolerancias alimentarias que te producen gases e hinchazón, u otros síntomas alérgicos como picor y urticaria, erupciones, diarrea o su contrario, cefalea, náuseas, indigestión, fatiga, cansancio crónico... significa que algo está fallando en ti. Una alergia, por ejemplo, es inherente a una carencia enzimática.

Hay pruebas de enzimas para conocer su estado, como el test Loomis, que se realiza sobre una muestra de orina recogida durante 24 horas. Pero en principio, para saber si necesitas enzimas, te bastará con hacerte la siguiente pregunta: ¿tomo suficientes vegetales crudos a diario? Ahí tienes la respuesta. Si haces ingresos a diario, tendrás enzimas suficientes, si no, no.

El estado del suelo de cultivo determina también la cantidad de enzimas de una planta, siendo los suelos orgánicos los que más vitalidad contienen. Hace cien años los alimentos eran todos orgánicos, pero ahora es casi al revés. Los cultivos intensivos industriales han generado la disminución de enzimas en los alimentos, así como el uso de pesticidas, que las matan. Otras causas son la ingeniería

genética, la irradiación de los alimentos, la pasteurización, el uso de microondas, consumo de agua fluorada, poseer empastes metálicos... Pero sobre todo, lo que mata las enzimas es cocinar los alimentos a partir de 45 grados Celsius. A esa temperatura se desvitaliza completamente el alimento.

La enzimoterapia es una ciencia que consiste en corregir el déficit enzimático mediante la ingesta de enzimas naturales y/o preparados comerciales de enzimas (tipo Therazyme). Pero las mejores –y más eficaces– son las que prepara cada uno en su casa, por supuesto. Se ha demostrado que la cantidad de minerales y vitaminas que uno necesita para tener salud es mucho menor cuando hay un aporte de enzimas alto en la dieta. En este libro aprenderás a prepararte tu mismo tus sanas enzimas sin que tengas que asumir más gastos que los derivados de la adquisición de verduras y frutas corrientes.

Max Gerson

Cada año que pasa aumentan los estudios que demuestran que los alimentos procesados son una fuente de intoxicación orgánica, lo que finalmente deviene en un incremento progresivo del cáncer y otras patologías típicas de las sociedades occidentales, como son las enfermedades del corazón. Somos víctimas de nuestra propia forma de alimentarnos, pues el cáncer no es una enfermedad, sino un síntoma de intoxicación orgánica, el esfuerzo del organismo para librarse de la toxemia que lo ahoga. Ya lo señaló el doctor Otto Warburg[8] y le dieron el premio Nobel por ello: las células cancerosas, rodeadas de

toxinas, se ahogan por falta de oxígeno, y como mecanismo de defensa lo fabrican a partir de la oxidación de la glucosa. Si no se corrige pronto el problema, este modo de respirar altera la replicación de las células, dando lugar a lo que conocemos como cáncer. Por lo tanto, el cáncer sí puede revertirse, y el modo es desintoxicando el organismo, de tal modo que las células reciban el oxígeno que constantemente necesitan. El problema es que no sabemos cómo desintoxicarnos, pero este libro te enseñará en gran medida a partir de descubrimientos como los del doctor Gerson y otros médicos naturistas.

En los años 40 del pasado siglo, el doctor Max Gerson demostró la manifiesta relación entre el cáncer y la dieta presentando ante el Senado de Estados Unidos su estudio[9] realizado a cincuenta pacientes a los que había curado de cáncer. Pero su esfuerzo no convenció a ciertos sectores del poder establecido y, tal como le sucedió antes y después a muchos otros médicos holísticos, fue injustamente atacado, denigrado y acosado por la AMA (*American Medical Association*) desde su revista JAMA (*Journal American Medical Association*).

¿Por qué se atacaba así a alguien que presentaba casos de curación del cáncer? Pues porque detrás de ello estaba la todopoderosa industria farmacéutica. Los laboratorios han secuestrado poco a poco los

actos médicos y actualmente les imponen incluso el modo en que hay que curar a los pacientes. Aunque sea con radiaciones nucleares sobre las células. Es absurdo, pero han secuestrado el arte de curar y lo han puesto a su servicio, eso sí, pasando por caja. Deciden cuándo una sustancia o terapia es eficaz, sin consecuencias para ellos, pero sí para los pacientes que les creen. Hoy les interesan especialmente los enfermos crónicos, porque consumen fármacos durante toda su vida, y eso da más beneficios que curarlos definitivamente como sería el caso con alimentos crudos o vegetales, llenos de enzimas y vitaminas. Por eso impidieron que Gerson publicase oficialmente su estudio y obtuviese así el amparo del Senado estadounidense. El núcleo de su dieta consiste en tomar cada hora una batido de frutas y verduras crudas, hasta un total de 13 vasos diarios recién exprimidos. Además sugería suplementos como hormona tiroidea, enzimas pancreáticas, coenzima Q10, extracto de hígado, etc... Él consideraba que la acidificación del organismo, su intoxicación y el déficit de nutrientes es lo que mina las defensas y propicia la aparición de enfermedades.

Afortunadamente, existen también muchos médicos y terapeutas holísticos que hoy día iluminarán tus pasos en materia de salud natural. Hay bibliografía como la del propio doctor Gerson que te ayudará si lo precisas, porque lo mejor es que te conviertas en tu propio médico. Aprende todo lo que puedas sobre nutrición y salud por ti mismo, sé autodidacta y podrás corregir fácilmente muchas enfermedades. Decía Hipócrates que *médico* era el que es capaz de curarse a sí mismo. Se trata de resolver la toxemia interna, pues la deficiencia de ciertos nutrientes y la

toxicidad producida por determinadas sustancias y factores ambientales eran también para el doctor Gerson las causas de la mayoría de las enfermedades.

Si queremos solucionar estos déficits de nutrientes y poner en marcha los mecanismos de autocuración y defensa, los batidos verdes crudos son la solución idónea. Después podemos colaborar desintoxicando el hígado con limpiezas hepáticas, hidroterapia del colon y enemas de café para favorecer una completa depuración orgánica, pero lo más sencillo y fácil de aplicar son los batidos verdes crudos con los que habrá que combinar el tratamiento expuesto. A ello hay que sumarle comer frutas y verduras crudas en la mayor cantidad posible, y ese podría ser el resumen de la Terapia Gerson tal como se expone en su libro,[10] escrito por su hija Charlotte. Nada nuevo por otra parte para los que navegan por ambientes naturistas pues ya Hipócrates señaló que *tu medicina debe ser tu alimento* y viceversa. Qué poco caso se hace a palabras tan sabias... Lo novedoso de Gerson es que presentó casos auténticos, curados por él, casos perdidos para el sistema médico oficial, tal como se entiende hoy mediante el uso de fármacos.

El consumo de frutas y verduras orgánicas produce la liberación y salida de toxinas que de otro modo tienden a acumularse en el hígado, sobrecargándolo aún más de lo que está. Por eso, señalamos brevemente en este libro algunos métodos depurativos, como son los enemas de café o la limpieza del hígado. En la actualidad, con la irrupción de Internet,

hemos pasado súbitamente de un déficit de información, a nadar en la sobreinformación. La velocidad de vértigo con la que Internet se ha instalado en nuestras vidas va pareja con la caída de algunos paradigmas que gracias a la red de redes se están revelando como mitos sin fundamento. El de la salud basada en medicamentos es uno de ellos.

Estamos en proceso de cambio, y una nueva era en materia de salud se ha abierto con la democracia informativa que suponen las búsquedas de Internet. Quien tiene infor-

mación tiene el poder se ha dicho. Hoy la información está libre, pero hay que filtrarla porque tenemos más datos que nunca y múltiples fuentes de las que beber a un solo clic de distancia. Esto nos abre un mundo de posibilidades que no hace mucho eran imposibles, y en cambio ahora son ilimitadas. La expansión de la limpieza hepática es un ejemplo de ello. Cuando empecé a compartirla no había nada en la red, y nadie parecía conocerla y menos practicarla. Sin embargo ahora hay miles de terapeutas y profanos que la practican.

Potasio

Su principal función es contribuir al equilibrio osmótico conjuntamente con el sodio, de tal modo que la concentración y pH dentro de las células y en el espacio extracelular que las rodea sea el apropiado para mantener el flujo de intercambio en la membrana celular. Interviene por tanto en la permeabilidad de la membrana, en la transmisión nerviosa y en la contracción celular, de ahí los calambres en los deportistas extenuados. Además forma parte de los huesos, siendo esencial para el crecimiento así como es partícipe en múltiples reacciones bioquímicas. El estreñimiento es otra de sus secuelas por déficit.

Vegetales ricos en potasio: zanahoria, apio, perejil y espinacas (batido especialmente recomendado para la diabetes), con los que se puede crear un caldo de potasio alcalino que es una sopa curativa y restauradora, un alimento/medicina como no podría serlo un fármaco sintetizado en un laboratorio, es decir, desprovistos de vida. El cuerpo absorbe este caldo curativo con fruición, como la tierra árida absorbe el agua de la lluvia. Y si aún queremos más potasio y sabor podemos añadir el plátano, también rico en este ión.

Lo mismo está sucediendo a otros muchos niveles, y el conocimiento humano se está compartiendo en una especie de crisol gigantesco que es Internet, de donde emergerá solo lo que funcione.

Los protagonistas de la dieta de los batidos verdes crudos

Verduras de hoja y hortalizas

Acelgas	Cebolla	Ortiga
Ajo	Coliflor	Pepino
Alfalfa	Diente de león	Perejil
Algas	Endivias	Pimiento
Aloe Vera	Escarola	Puerro
Apio	Espárrago	Remolacha
Berros	Espinacas	Repollo o col
Brécol	Hierba de trigo	Rúcula
Calabacín	Lechuga	Tomate
Calabaza	Nabizas o grelos	Zanahoria
Canónigos	Nabos	Etc.

Las frutas

Aguacate	Mango	Pera
Albaricoque	Manzana	Piña
Arándanos	Melocotón (durazno)	Plátano
Ciruelas	Melón	Pomelo (toronja)
Frambuesas	Moras	Sandia
Fresas	Naranja	Uvas
Granada	Nectarinas	Etc.
Limón	Papaya	

La increíble zanahoria

El jugo de zanahoria es el rey de los zumos vegetales y la combinación excepcional para los vegetales crudos. Deben tomarse varios litros cada día, hasta donde se quiera y pueda, y a poder ser indefinidamente en el tiempo. La zanahoria es una hortaliza increíblemente rica en nutrientes, vitaminas y minerales que contiene un precursor de la vitamina D denominado calciferol y que en contacto con la luz del sol evita el raquitismo. Es siempre sabrosa en cualquier preparación y lo ideal sería tomarla cruda, a diario, bien rallada en ensalada o licuada en forma de jugo de intenso color naranja. Su color ya define claramente la energía y vitalidad que transmite pues el naranja es el color de la energía.

Es una cura excelente para el aparato digestivo, aporta vitamina A que corrige defectos de la visión, estimula el hígado y sus múltiples funciones, mejora el estado intestinal, confiere fósforo para el cerebro, regula el apetito y los jugos gástricos, mejora el estado de la piel y corta las diarreas. Sus carotenos se convierten en vitamina A en el hígado, lo que la ha convertido en alimento estándar a la hora de tomar vitamina A, sin

embargo poca gente toma suficientes zanahorias, sencillamente porque no las convierten en zumo.

El zumo licuado de zanahorias es el modo más sencillo y rápido de incorporar un alimento sanísimo a nuestras costumbres. Esta maravilla dietética es también rica en otras vitaminas como la B (tiamina) y la B2 (riboflavina), por eso estimula el metabolismo, regula el crecimiento, el apetito y a continuación la digestión.

Contiene también vitamina C que evita entre muchas otras dolencias el sangrado de encías, y también ácido pantoténico que protege frente a las dermatitis y problemas cutáneos. Todas estas vitaminas no solo ayudan a la vista y previenen las afecciones oculares, sino que protegen al sistema respiratorio y nervioso.

Rica en sodio, potasio, calcio, magnesio, azufre, silicio, cloro... Su riqueza en sales minerales la convierte en un alimento muy indicado en la infancia, etapa de crecimiento en la que se precisa formar nuevos tejidos. Los huesos requieren muchos fosfatos y carbonato de calcio del que les provee esta humilde hortaliza que tenemos tan a mano que nos protege de la osteoporosis. Es también un disolvente natural de tumores por la alcalinidad que aporta.

Incrementa la calidad y producción de leche materna por lo que las madres lactantes deberían tomar jugo de zanahoria a diario. Depura el hígado y ayuda a disolver los cálculos que atrancan su funcionamiento. También los de la vesícula, dando lugar a su limpieza y desbloqueo.

La piel seca y dermatitis mejoran notablemente con los componentes de la zanahoria porque es remineralizante y rejuvenecedora cutánea. Algunas otras de sus múltiples virtudes son que previene los gases (carminativa), las putrefacciones intestinales, y espanta los parásitos, siendo por tanto una maravillosa benefactora intestinal. No solo eso, como decía, es antidiarreica, antianémica, antiartrítica, diurética y depurativa. Facilita el flujo biliar, lácteo, menstrual, y aumenta la inmunidad natural.

Las zanahorias hay que lavarlas bien bajo el grifo, con un cepillo y no pelarlas, porque gran parte de sus beneficios se hallan en la piel.

Para los padecimientos del hígado la zanahoria es excelente porque activa la producción de bilis y también su vaciado, pues con la bilis se liberan múltiples toxinas. Es un magnífico purgante del sistema biliar, y tomándola con remolacha y pepino ayuda a limpiar la vesícula. Si salen las piedras con dolor y cólicos, deben tomarse rápidamente sales de Epsom para así atajar y aliviar el dolor.

El zumo de zanahoria ayuda también notablemente a mejorar el apetito, la digestión y favorece la limpieza intestinal. Los que padezcan de ojos secos (xeroftalmia) por escasa secreción lacrimal también notarán sus beneficios. El déficit de vitamina A repercute en múltiples patologías de los ojos que a partir de ahora podremos evitar consumiendo muchas zanahorias. El doctor N. W. Walker refiere el caso de numerosos jóvenes descartados del ejército del aire por mala visión que, tras unas pocas semanas tomando zumo de zanahoria a diario, pasaron finalmente el examen con excelente vista.

Es un gran alimento para el colon en combinación con las espinacas crudas, y sus múltiples propiedades la convierten en una auténtica bomba de salud a nuestro alcance. Realmente, tenemos una fábrica de bienestar delante y no la vemos.

El consumo de sus hojas batidas

No hay unanimidad respecto a las hojas de zanahoria, y aunque yo las he tomado en varias ocasiones sin notar nada negativo, no puedo recomendarlas para tus batidos. Algunos autores como Victoria Boutenko señalan que su consumo puede aumentar notablemente las propiedades de la raíz. Pero la falta de evidencias en cuanto a seres humanos me lleva a ser precavido, especialmente por el uso masivo de pesticidas.

No puedo garantizar la inocuidad del consumo de hojas de zanahoria, por lo que remito al lector a su propio criterio y discreción. En todo caso, siempre hay que lavar bien estas hojas y evitar que provengan de cultivos rociados con pesticidas. Para ello, como siempre, buscad un cultivador de confianza y ecológico.

Quizá suceda con el tiempo, como con las patatas, que hasta el siglo XVIII se les daban a los cerdos, hasta que el agrónomo y nutricionista francés Antoine Parmentier consiguió que se liberalizara su cultivo que estaba prohibido por ¡considerarlas tóxicas! Parmentier se las ofreció al rey de Francia porque si él las comía el pueblo también lo haría, como así fue. Y a partir de entonces, las patatas dejaron de ser una planta ornamental para convertirse en la base de la dieta occidental. Hoy por hoy no hay estudios aún que avalen en este sentido a las hojas de zanahoria, pero quizá pronto los haya y se demuestre que no son nocivas y sí muy beneficiosas.

Las asombrosas espinacas

No poseen tanto hierro como por un extraño error se coló en las primeras tablas de alimentos, pero lo que sí es cierto es que sus numerosos nutrientes nos otorgan el vigor de Popeye. En realidad sí son una fuente vegetal de hierro, pero la energía que aportan se la deben más bien a sus múltiples nutrientes. Claro que para eso hay que consumirlas crudas, siempre bien lavadas, en forma de batidos verdes crudos. Así aprovecharemos todas sus virtudes, la mayoría de las cuales se echan a perder si se cuecen. Algún día tenemos que entender que lo que realmente da vigor son las enzimas que contienen, y no los componentes puramente químicos o minerales de las plantas.

Rica en fitonutrientes, especialmente el beta-caroteno y la luteína, las espinacas son un maravilloso vegetal con propiedades antioxidantes por sus numerosas enzimas, vitaminas y minerales. También son ricas en calcio. El ácido oxálico de las espinacas no hace daño, ni forma cristales de oxalatos a nivel renal cuando se consumen crudas, al revés que al cocinarlas. Cocinadas dejan un sabor rasposo en la lengua, lo que no sucede al tomarlas crudas. Es porque el calor al cocinarlas altera los oxalatos y los hace precipitar formando cristales, igual que sucede con el tomate, y así sí que provocan cálculos renales.

Uno de los mejores alimentos para el colon es la combinación de espinacas crudas batidas con zumo de zanahoria. Además, ambos corrigen el sangrado de encías o piorrea, que es el resultado de la carencia de enzimas procedentes de alimentos crudos.

Consumir espinacas con zumo de zanahorias y lechuga en forma de batido estimula las raíces del cabello y también su crecimiento. No hay mejor tónico capilar, salvo si le añadimos jugo de alfalfa que aún lo mejora más.

Las espinacas son las reinas de los batidos verdes crudos porque tienen buen sabor además de los numerosos ingredientes que aportan. Llenas de clorofila, fibra y nutrientes son uno de los vegetales de hoja básicos que usamos para llenar el cuerpo de enzimas con los batidos verdes crudos. Si son espinacas «baby» sus hojitas son aún más suaves y dulces.

Tipos de batidos verdes crudos

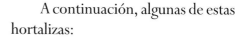

A la hora de su elaboración, yo propongo realizar una clasificación en dos grandes grupos por razones de compatibilidad entre los alimentos: batidos verdes de hortalizas y batidos verdes de frutas. Veámoslos.

Batidos verdes con hortalizas

Vamos a utilizar algunas de las siguientes verduras:

Acelgas	Escarola
Alfalfa	Espárrago
Aloe Vera	Espinacas
Apio	Hierba de trigo
Berros	Lechuga
Brócol	Nabizas o grelos
Canónigos	Ortiga
Col rizada	Perejil
Coliflor	Repollo
Diente de león	Rúcula
Endivias	

A continuación, algunas de estas hortalizas:

Ajo	Pepino
Algas	Pimiento
Calabacín	Puerro
Calabaza	Remolacha
Cebolla	Tomate
Nabos	Zanahoria

Se utiliza en primer lugar un puñado[11] o manojo de una verdura de hoja y luego una hortaliza.

Estos son los algunos ejemplos:

- 1 manojo verdura de hoja verde + zanahoria + ½ limón
- 1 manojo verdura de hoja verde + remolacha + ½ limón
- 1 manojo verdura de hoja verde + calabaza + ½ limón
- 1 manojo verdura de hoja verde + calabacín + ½ limón

- 1 manojo verdura de hoja verde + tomate + ½ limón
- 1 manojo verdura de hoja verde + pepino + ½ limón

Batidos verdes con frutas

En primer lugar usaremos una verdura de las siguientes, procurando cambiar cada día:

Acelgas	Escarola
Alfalfa	Espárrago
Aloe Vera	Espinacas
Apio	Hierba de
Berros	trigo
Brécol	Lechuga
Canónigos	Nabizas o grelos
Col rizada	Ortiga
Coliflor	Perejil
Diente de león	Repollo
Endivias	Rúcula

A continuación elegiremos alguna de estas frutas, según gustos:

Aguacate (Palta)	Manzana
Albaricoque	Melocotón (Du-
Arándanos	razno)
Ciruelas	Melón
Frambuesas	Moras
Fresas	Naranja
Granada	Nectarinas
Limón	Papaya
Mango	Pera

Piña	Sandía
Plátano	Uvas
Pomelo (Toronja)	

Como no es recomendable, en la medida de lo posible, mezclar frutas ácidas con dulces, vamos también a diferenciar los batidos verdes de frutas siguiendo la siguiente regla:

1. Batido de Verdura de hoja + fruta ácida
2. Batido de Verdura de hoja + fruta dulce

Podemos añadir dos frutas si son del mismo tipo, y también la manzana que encaja en los dos, dulce y ácido.

Si queremos más variedad también podemos añadir dos tipos de verdura verde y podemos añadirles ocasionalmente alguno de los super-alimentos mencionados en el apartado correspondiente de este libro, o también condimentos como jengibre y hierbas aromáticas.

Si congelas las frutas previamente, no pierden sus propiedades y a cambio estarán fresquitas en verano sin tener que añadir hielo al batido. De todos modos, la digestión requiere calor y ofrecer alimentos muy fríos al estómago garantiza una mala digestión y fermentación.

Algunos ejemplos de batidos

Algunos de los nombres con los que los hemos bautizado suenan a superhéroe, concretamente los batidos con manzana, y que casualmente son siempre los más apetitosos. El hecho de prepararlos añadiéndoles el zumo de ½ limón, ayuda a que no se oxiden tan rápido gracias al ácido cítrico que aporta, el cual es un conservante natural (en vez del artificial aditivo E-330 usado comercialmente).

Habrá que añadirles agua en cantidad suficiente para obtener el grado de densidad deseado, aproximadamente un litro para estos ejemplos. También puede añadirse en lugar de agua: leche vegetal, jugo de zanahoria, infusiones de plantas medicinales específicas, agua de coco... etc.

El número de combinaciones que podemos obtener es extraordinario, por lo que tan solo vamos a proponer una pequeña muestra, dejando a la imaginación del lector la preparación de otros batidos similares.

Canagua-Manzan

1 taza canónigos + ½ aguacate + 2 manzanas + 5 zanahorias (zumo) + ½ limón + agua

Pepi-Man

1 pepino + 2 manzanas + ½ limón + agua

Plaman-Zanespi

1 plátano + 3 manzanas + 5 zanahorias (zumo) + 1 taza espinacas + agua

Bre-Na-Cal

1 cabeza de brécol + 2 naranjas + 1/2 calabacín + ½ limón + agua

Espi-Man

1 manojo de espinacas + 2 manzanas + ½ limón + agua

Espi-Can-Man

1 manojo espinacas + 1 manojo de canónigos + 1 mango + ½ limón + agua

Pepi-Nan

1 pepino + 1 naranja + agua

Pe-Piña

1 pepino + ¼ de piña + agua

Piña-Colada-Verde

¼ de piña + 1 agua de coco+ verdura de hoja + agua

Can-Es-Pi-Zan

1 taza canónigos + 1 taza espinacas + ½ piña + 5 zanahorias (zumo)

Tri-Man-Zan-Espi

1 manojo hierba de trigo + 2 manzanas + 5 zanahorias (zumo) + 1 taza espinacas + agua

Alfa-Man

1 manojo de hierba de alfalfa + 2 manzanas + agua

Tri-aran

1 manojo de hierba de trigo + 250 gr de arándanos azules o rojos + agua

Espi-Ra-Gra-Man

1 manojo espinacas + 4 rabanitos + 1 granada + 3 manzanas + agua (piña opcional)

Otros ejemplos de posibles batidos

En esto, como en todo, el límite lo pone nuestra imaginación. Deja volar tu intuición y prueba colores y sabores que te inspiren.

Li-Man

1 limón + 2 manzanas + agua

Man-Acel

1 mango + 3 hojas de acelga sin tallo + agua

Per-Api

2 peras conferencia + 2 ramas de apio + ½ limón + agua

Zana-Lechu

1 kg de zanahorias (zumo) + 4 hojas de lechuga + ½ limón + agua

Zan-Pepi-Man

1 kg de zanahorias (zumo) + 1 pepino + 2 manzanas + ½ limón + agua

Man-Zanahoria

2 manzanas + 5 zanahorias (zumo) + ½ limón + agua

Espar-Man

6 espárragos verdes + 2 manzanas + ½ limón + agua

Apio-Man

4 ramas de apio con sus hojas + 2 manzanas + ½ limón + agua

Colriza-Manoria

3 hojas de col rizada + 2 manzanas + zumo de 1 kg de zanahoria + agua

Espi-Na-Rremo (especial niños)

1 manojo espinacas + zumo de 4 naranja + 1 remolacha + agua

Api-gen-Pi

2 ramas de apio + 1 trozo genjibre + ½ piña + agua

Fre-Col

250 gr de fresas + 2 hojas de col rizada sin tallo + agua

Batidos rojos

Como su nombre indica utilizan alimentos que tiñen de rojo el licuado. Son las fresas, frambuesas, granada, arándanos rojos, sandía, remolacha, pimiento rojo, ciruela roja, melocotón (durazno), tomate, zanahoria... Con estos batidos se pretende dar un toque de color para salir del clásico verde de los batidos, pues no se usa verdura de hoja verde. Es una variación de color y sabor, que combina muy bien y aporta energía.

Se pueden acompañar de leche vegetal que aumenta sus propiedades energéticas y nutritivas sin variar mucho el color final.

2ª
PARTE

LOS OTROS INGREDIENTES

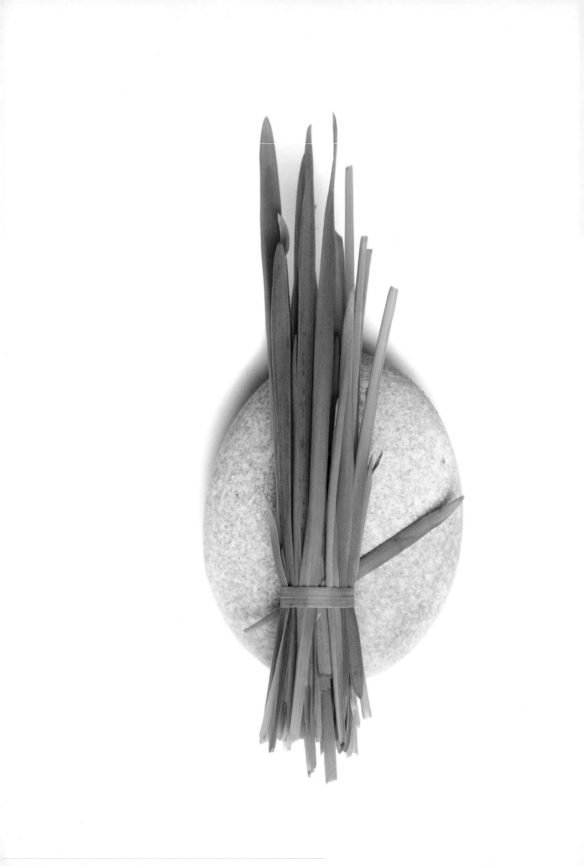

La dieta de los BATIDOS VERDES

Hierba de trigo

Señoras, señores... les presento (muy probablemente) al alimento medicina más potente de la naturaleza: la hierba de trigo. El pasto o hierba de trigo es, literalmente, energía del sol condensada del máximo nivel, luz líquida que podemos sintetizar en nuestro domicilio e incorporar a nuestro organismo con facilidad.

Fue el doctor Charles F. Schnabel, un químico agrícola estadounidense, quien en la década de 1930 descubrió las increíbles propiedades de la hierba de trigo inicialmente para las vacas que aumentaban hasta en un 30% su cantidad y calidad de leche, y posteriormente para los seres humanos. Pero Schnabel, conocido como el padre de la hierba de trigo, no estuvo solo ya que otros muchos científicos, hospitales y profesionales de la salud promovieron un volumen significativo de investigaciones sobre la hierba de trigo y otros cereales entre los años 1930 y 1950. Sería, sin embargo, Ann Wigmore quien la haría realmente popular en la década de los años 70. Yo recomiendo el libro de Neil Stevens, titulado *Wheat-Grass* (Hierba de trigo), publicado en esta misma editorial.

El cultivo de hierba de trigo nos permite incorporar a nuestra dieta elevadas dosis de clorofila, con un poder oxigenante y depurativo enorme. Ayuda a regenerar la sangre y los tejidos, siendo el alimento más rico y concentrado en enzimas de la naturaleza, el cual además es rápidamente aprovechado por el organismo al introducirlo en forma de zumo o batido.

El jugo de hierba de trigo debe ser consumido al momento, fresco,

nutrientes, entre ellos todos los aminoácidos esenciales.

Como señala Neil Stevens, la clorofila de la hierba de trigo contiene once veces más calcio que la leche, cinco veces más hierro que las espinacas, cinco veces más magnesio que los plátanos, sesenta veces más vitamina C que las naranjas, un 45% más de proteína que la carne, incluidos más de veinte aminoácidos importantes para el correcto mantenimiento corporal.

Calorías	10
Colesterol	0 g
Sodio	0 g
Potasio	105 mg
Carbohidratos totales	2 g
Fibra dietética	1 g
Azúcares	<1 g
Proteína	1 g
Vitamina A (100% como betacaroteno)	1.250 UI
Vitamina C	7 mg
Vitamina K	35 mcg
Calcio	15 mg
Hierro	1 mg
Ácido fólico (vitamina B9)	35 mcg
Clorofila	15 mg

dentro de los quince minutos siguientes a su preparación para obtener los mejores resultados. Lo ideal es tomar el jugo siempre sin diluir y con el estómago vacío para que los nutrientes puedan ser absorbidos de manera más eficaz.

La hierba de trigo en polvo no es tan eficaz como el jugo de pasto de trigo fresco, porque sus enzimas al ser procesadas desaparecen. Cuando las coseches no la batas, guarda los brotes verdes en el frigorífico; las enzimas no soportan el calor, pero se conservan bien con el frío.

La hierba de trigo es veinte veces mas concentrada que otros vegetales y 100 gramos de la misma equivalen a 2 kg de verduras. Poseen muchos

Forma de cultivo en el hogar de hierba de trigo en bandejas

Primero hay que dejar los granos de trigo durante 48 h en una taza con agua, pero cambiando esta cada 12h. Una vez comiencen a germinar se entierran en una bandeja, bajo un sustrato de tierra rica en nutrientes y humus. Se riega ocasionalmente y al cabo de pocos días brotarán hacia lo alto los tallos de la hierba de trigo. Cuando tengan un palmo de altura y se divida el brote, se cortará con unas tijeras y luego se bate con un poco de agua, se filtra y lista para tomar. Su crecimiento dura aproximadamente entre 10 y 12 días.

Es necesario cultivar la hierba o pasto de trigo en nuestro domicilio y consumirla al momento de prepararla para así no perder sus virtudes. No debemos tomar una sobredosis por su gran concentración, siendo preferible dos tomas al día en vez de una sola más grande.

Existen extractores de jugo de hierba de trigo especiales para obtenerlo, pero su elevado precio no debe ser un impedimento para cultivarla y consumirla pues con una sencilla batidora de vaso o también con una batidora de brazo del tipo «minipimer», o una «chufamix», podemos extraer sus numerosas propiedades. Luego la mezclaremos a partes iguales con zumo de naranja o manzana y listo. Y si podemos acceder a un extractor de jugos específico, como los citados en el apartado correspondiente a la maquinaria, mejor que mejor.

Gazpacho

Este es el país del rico gazpacho, una sana y sabrosa delicia dietética que debemos aprender a valorar sin que esperemos a que nos lo recuerde algún estudio extranjero. Es un plato crudo y refrescante por excelencia, que se viene consumiendo desde hace mucho tiempo en España y Portugal. En realidad el gazpacho es un batido de hortalizas: tomate, pimiento y pepino, con aceite y sal. Los batidos verdes crudos incorporan principalmente hojas vegetales pero se les pueden añadir perfectamente los ingredientes del gazpacho, aunque yo evitaría la sal. Usar estos ingredientes del gazpacho (pepino, cebolla, ajo, calabacín, tomate, zanahoria...) en los batidos verdes crudos nos provee de muchos más recursos a la hora de preparar nuestros alimentos crudos desintoxicantes. Hay otras variantes del gazpacho como son el salmorejo o el ajoblanco que también son muy saludables y apetecibles.

Apio

No se me ocurre mejor forma de tomar el sanísimo apio que crudo, en forma de batido verde. Lo mismo podría decir de las ortigas o el aloe vera (sabila). Consúmelo aumentándolo poco a poco una o dos ramas de apio hasta que lo toleres bien. Es refrescante e ideal para el verano. El apio tiene múltiples propiedades curativas y desintoxicantes que no debemos desaprovechar por

el hecho de que su sabor sea un tanto fuerte.

Grelos y nabizas (hojas de nabo)

Ricos en calcio para los huesos, son excelentes para los niños, especialmente mezclados con zumo de zanahoria y diente de león (rico en magnesio, que potencia el calcio).

El grelo es la flor de la nabiza, es decir un estado más avanzado de desarrollo de la misma y de color amarillo.

La piña y la papaya

Dos magníficas frutas tropicales, una ácida y la otra dulce, que preferentemente no deben mezclarse entre sí. Ambas tienen propiedades digestivas excepcionales. Sería bueno incluirlas para todos aquellos con escasa fuerza digestiva (hipoclorhidria), porque facilitan mucho la digestión. La papaya tiene papaína que es similar a la pepsina del estómago, con la que se digieren las proteínas. La piña contiene bromelina, que ayuda a metabolizar los alimentos, y es también diurética y desintoxicante. La papaya verde tiene muchas más enzimas que la madura.

Pepino

Es el más diurético de todos los zumos. Contiene un 40% de potasio, con el que podemos corregir el exceso de sodio de muchos alimentos, entre ellos la sal de mesa. Ayuda a regular la tensión arterial, tanto alta como baja. Hidrata el organismo, elimina sus toxinas, ayuda a eliminar cálculos renales si el consumo es habitual, contiene vitaminas A, B y C y minerales como potasio, magnesio y silicio, ayuda a perder peso al ser bajo en calorías y rico en fibra, es antiinflamatorio, contiene lignanos que previenen el cáncer, combate la diabetes porque ayuda al páncreas a fabricar insulina, reduce el colesterol, mantiene sanas las encías y el aliento fresco,

Mejora el cabello y el estado de las uñas, promueve la salud de las articulaciones, elimina el ácido úrico y mantiene sanos los riñones. El pepino es la cuarta hortaliza más cosechada en el mundo, es muy nutritivo y bueno para la salud y encima es delicioso.

El consumo de batidos a base de pepino, sandía, zanahoria y rábanos, ayuda mucho a purificar los riñones y recuperar su funcionalidad perdida.

Granada

Su gran valor medicinal era muy conocido en la antigüedad, sin embargo se olvidó su uso con la llegada de los medicamentos farmacéuticos. La granada es una fuente de la eterna juventud si la consumimos a menudo porque tiene propiedades antiinflamatorias y antiinfecciosas, reduce la presión arterial y es un maravilloso antioxidante. Un estudio publicado en la revista *Atherosclerosis*, ha descubierto que el tratamiento con extracto de granada tiene múltiples efectos beneficiosos porque puede prevenir y revertir la patología principal asociada con la mortalidad cardiaca. La granada combate también el engrosamiento progresivo de las arterias coronarias causado por la acumulación de materiales grasos conocidos como aterosclerosis. Y provoca también la reducción de procesos inflamatorios dentro de las arterias, así como la reducción de la acumulación de lípidos en el músculo cardíaco y su consumo conlleva la reducción de alteraciones en el electrocardiograma.

Pero no solo a nivel coronario y circulatorio, la granada previene las molestias postmenopáusicas, los problemas de próstata, mantiene la función cerebral, la salud de las articulaciones y refuerza el sistema inmunológico. No solo eso, previene la enfermedad de Alzheimer, el cáncer de mama, la osteoartritis y las infecciones en general.

Perejil

Es una hierba tóxica, lo cual muchas veces no se explicita puesto que nadie parece advertirlo. Su gran parecido con la venenosa cicuta, con la que puede fácilmente confundirse, ya nos lo revela. Pocos libros o autores lo dicen, seguramente porque lo desconocen. Por tanto, no debemos abusar de él, aunque puede consumirse una o dos ramas cada vez. Es una planta abortiva y también hace bajar la menstruación, por lo que las embarazadas deben evitarlo taxativamente y en cualquier cantidad. En cambio, usado como corresponde, en pequeñas dosis nos ayuda a depu-

rar los riñones y también en las afecciones oculares.

Pimiento

Es una hortaliza que le da a los batidos un sabor y olor muy intensos, muy reconocibles y característicos. Además, con el paso de las horas se acentúa aún más. Mitiga los gases intestinales, contiene hierro y silicio para las uñas y el cabello.

Pomelo (toronja)

Consumir medio litro al día es ideal, porque limpia el calcio depositado en las articulaciones artríticas. Combinarlo con zumo de apio que retira el calcio de la sangre y con el de espinacas y zanahorias que lo eliminan del organismo.

Puerro

Muy similar al ajo, pero con un sabor más suave, por lo que puede

sustituir favorablemente a los que no soporten aquel.

Rábano

Desintoxica el hígado y limpia de cálculos la vesícula. Ayuda a los riñones a eliminar las toxinas del organismo. Protege contra las infecciones, combate los hongos y es un antiinflamatorio excelente. Los batidos con rábanos permiten a tu cuerpo absorberlos mejor. Si sufres de cálculos renales, beber jugo de rábano te puede ayudar a disolver las piedras para que puedan pasar más rápidamente. Ricos en sodio, potasio, magnesio y hierro. Eliminan las mucosidades procedentes del consumo abusivo de almidones y productos lácteos. Su sabor rudo rasca la garganta por el picor que deja, por lo que debe consumirse moderadamente, según gustos.

(Nota: tanto el rábano como la remolacha y la zanahoria, es siempre mejor licuarlas y añadir después a los batidos de verduras).

Remolacha

Es uno de los mejores jugos para regenerar y tonificar la sangre. Además, es purgante y depurativo. Se debe mezclar con 2/3 de jugo de zanahoria. Ayuda en la menstruación y la menopausia más que cualquier otro concentrado de hormonas sintético, y sin los efectos secundarios de estas. Limpia y estimula el sistema hígado/vesícula y también el linfático.

Tomate

Contiene ácido málico, cítrico y oxálico, si bien más de los dos primeros. El ácido oxálico produce cálculos renales, pero la precipitación del mismo se produce tan solo cuando el tomate ha sido cocinado, dando lugar a cálculos renales. El tomate fresco y crudo no los produce, el frito sí. El ácido oxálico es parecido al ácido carbónico de las bebidas (falsamente) refrescantes. La diferencia son dos átomos de oxígeno. El ácido oxálico está presente en las hojas verdes de muchos vegetales, pero no he conocido nunca a un vegetariano con cálculos renales.

En todo caso, la precipitación de este ácido se da con la cocción. Las acelgas y espinacas lo contienen, por lo que son potenciales formadoras de piedras en el riñón, razón por la que estos alimentos se les retiran de la dieta a quienes sufren esta dolencia. Tomarlas crudas no tiene en cambio ninguna contraindicación. El ácido oxálico promueve el peristaltismo, de ahí el efecto laxante de acelgas y espinacas.

Naranjas

Prácticamente, el zumo de naranja es el rey de los zumos. Pero todos los cítricos hay que lavarlos bien antes de exprimirlos a mano y tener mucho cuidado de que los barnices y ceras que recubren su piel (y los hacen brillar en las estanterías) no caigan en el zumo. Lo mismo puede decirse de cualquier otra fruta que no sea orgánica: pélala. Los niños aceptan muy bien el zumo de naranja batido con espinacas.

Brécol

Rico en vitamina A, betacaroteno, vitamina C, acido fólico (vitamina B-9), vitamina B-6, fósforo, potasio y hierro. Es relevante en los batidos verdes porque es fundamental en una dieta anticancerígena debido a los fitoquímicos que contiene, especialmente al consumirlo crudo en forma de Batidos Verdes, porque cocido se menoscaban sus propiedades. Corrige el estreñimiento por su riqueza en fibra y es bueno para el insomnio, la digestión y también es antianémico. Rico en potasio, que sirve para contrarrestar el exceso de sodio, y por tanto para no retener tantos líquidos, por lo que los hipertensos y los obesos lo agradecerán. Rico en calcio para combatir la osteoporosis, es un gran desintoxicante que estimula el hígado.

Agua de coco

Se encuentra en el interior del coco, y puede ser incolora o ligeramente turbia según el tiempo y estado del mismo. Es una bebida isotónica natural, hidratante, baja en azúcares recomendada para adelgazar porque es rica en potasio y magnesio además de saciante. Es un agua remineralizante, especial para deportistas y para ganar energía de forma sana. Batiendo el agua de coco con la pulpa blanca se obtiene la leche de coco, conocida también como *santan*, rica en azúcares y aceites y que se usa para cocinar. Podemos usar también agua de coco para los batidos verdes crudos, de hecho yo la añado a menudo. Un coco trae, según su tamaño, de 200-250 cc de agua rica en vitaminas, minerales orgánicos y enzimas. Como poca gente conoce sus valores como alimento y medicamento, su precio en el mercado es bajo (1 euro aprox.)

lo cual no le hace justicia al maravilloso valor terapéutico de este fruto tropical, con múltiples propiedades. Acostúmbrate a comprarlo y a beber su agua maravillosa.

Primero hay que seleccionar uno que no esté agrietado y elegir el que más líquido contenga (lo sabrás al agitarlo). También lo podemos pesar para comparar con otros. Para abrirlo hay que perforar uno de sus tres ojos con un cuchillo afilado o con la espiral de un sacacorchos. Dos de ellos estarán duros, pero el tercero cede fácilmente al pincharlo. Una vez abierto este tercer ojo, vaciamos el contenido en un vaso. El líquido debe ser relativamente claro

y con un fragante olor a coco. Si el líquido está turbio o muy turbio deséchalo porque ha perdido sus cualidades, acaso por exceso de tiempo en el comercio. El agua debe ser dulce, rica y bastante transparente, con un suave sabor a coco que todos reconoceremos fácilmente.

Aceite de coco[1]

A pesar de la mala fama que le han impuesto es el único con el que se debería cocinar porque no se degrada con la temperatura. Ayuda a perder peso porque se absorbe directamente sin tener que ser metabolizado, pasando directamente al torrente sanguíneo y otorgando energía instantánea. Por eso es excelente para aquellos a quienes se les ha extirpado la vesícula biliar, pues es una grasa que no precisa ser procesada por la bilis. Estas personas deberían tomar el agua de un coco —o más— a diario. Tiene propiedades antivíricas y combate la cándida. El aceite de coco es muy sano para la salud pero una campaña por intereses económicos neutralizó la expansión de este conocimiento. Tiene propiedades antibacterianas y antibióticas, promueve la salud del corazón, ayuda a bajar de peso, regula el metabolismo y la diabetes, da energía instantánea porque sus grasas no requieren digestión, ayuda al tiroides y mejora el estado de la piel. Aunque sus grasas son saturadas, no son perjudiciales como han demostrado estudios realizados en la polinesia donde su consumo es muy notable y donde la incidencia de patología cardíaca es inexistente a pesar de consumir este aceite. Son las grasas hidrogenadas a partir de aceites vegetales, lo que conocemos como margarina, los auténticos peligros para la salud, y no la grasa de coco ni la de aguacate, que son completamente naturales.

Aguacate o palta

La fruta más grasa que existe. Aporta cremosidad y sabor a los batidos además de sus múltiples propiedades. Posee un alto contenido en aceites vegetales, por lo que se le considera un excelente alimento pero del que no se debe abusar dado su alto contenido calórico. Su aceite posee también propiedades antioxidantes y aporta numerosos beneficios al organismo tanto en vitaminas E, A, B1, B2, B3, como en ácidos grasos, proteínas y minerales.

Los superalimentos

Dátiles, uvas pasas, nueces y almendras

Batidos de navidad podíamos llamarlos cuando los productos que se emplean son frutos de invierno, ricos en calorías y proteínas vegetales de primera calidad. En realidad, estos frutos secos ahora están presentes todo el año. Aportan energía a raudales y un aspecto más espeso tipo pudin según los hidratemos más o menos con agua y frutas dulces como manzana y pera, papaya, etc. Son múltiples las combinaciones que podemos realizar, pero mezclados con verduras tendremos unos batidos energéticos excepcionales que podremos usar en competiciones deportivas, montañismo, natación... Son muy interesantes estas preparaciones para atletas y también para los días fríos de invierno en que una dieta de vegetales crudos y fruta ácida proporciona poco aporte calórico. Podemos dejar unas horas las almendras (crudas) en agua y luego batir todo junto a las verduras.

Pipas de calabaza

Tienen vitaminas B, C, D, E, K y muchos minerales, entre ellos zinc, que sirve para la próstata porque es antiinflamatorio, mejora la salud intestinal y elimina parásitos. Contienen también ácidos poliinsaturados (linoleico y linolénico). Contienen triptófano, que es un regulador de la serotonina, correctora de la depresión y la melancolía, y además ayuda al descanso nocturno.

Lino o linaza

Es un alimento muy rico en ácidos omega 3 (acido linolénico) que nos permite compensar el exceso de los omega 6 (ácido linoleico) tan abundantes en la dieta cárnica actual. Lo ideal es que la proporción sea de 1:2 hasta no mas de 1:4, pero en la actualidad es 1:12, y más! Los omega 3 se han relacionado con el desarrollo cerebral del homo sapiens y se encuentran principalmente asociados al sistema nervioso y el cerebro, el sistema inmunitario y la vista. El cuerpo no los puede fabricar y hay que aportarlos desde la dieta, por eso suplementar con un alimento muy rico en ellos como es la semilla de lino nos equilibrará el déficit que todos padecemos por nuestra actual forma de alimentarnos.

Para ello hay que moler las semillas en un molinillo tipo los del café, y dejar el polvo reposar en agua pura media hora y luego añadir todo al batido. Se trituran para romper la cáscara, lo que nos permitirá acceder a sus beneficiosos efectos. La semilla de lino es un potente anticancerígeno, regula la presión arterial y otorga mucha fibra saciante, con lo que previene el estreñimiento y el apetito. Es beneficiosa para múltiples enfermedades, cardíacas, inflamatorias, sexuales, renales, esterilidad, retención de líquidos, obesidad, diabetes, esclerosis múltiple, depresión, alergias, menopausia...

El aceite de semillas de lino y el aceite de linaza tienen un mismo origen, que son las semillas de lino, pero el primero es de uso nutricional y el segundo se considera de uso industrial porque para extraerlo químicamente se utilizan disolventes del petróleo, por lo que no se puede usar como alimento.

Sésamo

También conocido como ajónjoli. Ha sido el alimento del que Oriente Medio ha extraído siempre las grasas y los aceites vegetales y oligoelementos. Cien gramos tienen el doble de calcio que 1 litro de leche, pero además de ácidos grasos contienen lecitina, vitaminas B y E. Para digerir las semillas hay que molerlas, forman entonces una especie de mantequilla que se conoce como tahini.

Chia

La semilla de *salvia hispánica* era un alimento básico en México antes de la conquista de América, el tercero en importancia, solo superado por el maíz y los frijoles, pero fue desplazada por los cereales llevados por los españoles. Es una magnífica fuente completa de proteínas, ya que contiene todos los aminoácidos esenciales y es también una fuente de fibra y antioxidantes, calcio, proteínas y ácidos grasos omega 3, es decir de ácido alfa-linolénico (ALA) de origen vegetal. Su proporción de proteína dobla a cualquier otra semilla, tiene 5 veces más calcio que la leche, el doble de potasio que los plátanos, el triple de hierro que las espinacas, el triple de antioxidantes que los arándanos, además de magnesio, manganeso, zinc, cobre y vitaminas.

Se vende en herbolarios. La mejor es de color blanco y negro, siendo peor la marrón. Se puede añadir en polvo a ensaladas o a los batidos verdes crudos. Regula la función intestinal porque absorbe diez veces su peso en agua, dando volumen, lo cual es interesante en casos de diarrea. No tiene gluten, por lo que es apta para celíacos y es muy recomendable para diabéticos porque regula el nivel de azúcar en sangre. Rica en triptófano, que es un aminoácido que mejora el sueño y el estado de ánimo.

Jengibre

Esta raíz de la planta *Panax ginseng* puede tomarse en decocción o bien añadirlo en forma de polvo. Tiene un sabor fuerte y clásico, y es rico en zinc lo que potencia la inmunidad frente a todo tipo de agresiones infecciosas. Entre sus propiedades destaca proporcionar calor digestivo y fuerza a la digestión, es carminativo (elimina gases), antináuseas, expectorante, analgésico, antiviral, antitusivo, antibacteriano, antiinflamatorio, antiespasmos, anticoagulante, relaja los vasos sanguíneos y con ello hace bajar la tensión arterial, aumenta el flujo sanguíneo

y es excelente para combatir estados febriles y resfriados, ya que favorece la sudoración.

Algas

Las propiedades increíbles de las plantas acuáticas son debidas a que los fondos marinos poseen un sustrato virgen, muy rico en todo tipo de nutrientes minerales provenientes de miles de años del arrastre de ríos y desgaste de las costas por las olas. Aportan en general muchos nutrientes plásticos constructores de tejidos (proteínas), huesos (minerales) y activadores del metabolismo por el yodo orgánico que contienen. También poseen hidratos de carbono y fibra. Se suelen vender secas generalmente, por lo que hay que mantenerlas en remojo durante media hora aproximadamente antes de su consumo. Usadas con moderación, aportan ciertos oligoelementos que no están disponibles en los vegetales

ni en las frutas de cultivo terrestre por desgaste de los suelos.

Dulse

O dulce. Hay que remojarla primero durante solo 1 minuto, y luego añadir a ensaladas, salsas o batidos verdes crudos. De color rojizo, son suaves y finas, perfectas para la anemia. Los guerreros vikingos las chupaban para extraerles sus nutrientes.

Nori

Conocida por el famoso *sushi*, activa el metabolismo al ser rica en minerales (hierro, yodo, potasio, calcio...). Contiene proteínas y provitamina A. Baja el colesterol por su alta cantidad de fibra. Se presenta en láminas verde-negruzcas.

Kombu

Contiene mucho yodo, potasio y calcio. Hay otros tipos de algas como son hijike, arame, kelp, etc...

Sal de algas

Es una mezcla de sal con algas marinas que sirve para salar los alimentos de un modo más natural, siendo una opción más sana que la sal de mesa común. Las algas contienen mucho yodo pero también sodio. Recordemos que la sal de mesa es cloruro sódico, por lo que la sal de algas suple a esta con la ventaja de que además aporta micronutrientes (oligoelementos).

Espirulina

Cuestionada por contener una falsa vitamina B-12, sin embargo contiene muchos otros nutrientes importantes como son proteínas, minerales, aceites grasos omega 3, clorofila y enzimas. Fue declarada en la conferencia de las Naciones Unidas en 1974 como alimento del futuro porque podría acabar con el hambre en el mundo dado su fácil crecimiento en cualquier lugar. Sirve

para múltiples patologías porque es 58 veces más rica en hierro que las espinacas y tiene ocho veces más calcio que la leche. Su color verde delata la abundante presencia de clorofila. Contiene todos los aminoácidos esenciales y mas proteínas que un filete pues llegan al 60-65% de su peso.

Bayas de Goji

Su *boom* fue tan rápido como su caída. De producto para casi todos los males, un estudio reveló en ellas tasas elevadas de pesticidas y metales pesados que las hizo desaparecer del consumo masivo. Eran partidas provenientes de China y probablemente estaban contaminadas, como tantos otros de los alimentos no orgánicos que consumimos, y de ahí el incremento progresivo de enfermedades como el párkinson o el alzheimer.

Clorella

Es un alga microscópica, del tamaño de un glóbulo rojo y es la planta que contiene mayor cantidad de clorofila conocida. Muy nutritiva y desintoxicante, es uno de los alimentos seleccionados por la NASA para sus astronautas por su alta tasa de vitaminas y antioxidantes.

Pudiera ser la primera planta que hubo en la Tierra y al igual que la espirulina contiene un 60% de proteínas. Sirve para depurar (quelación) el organismo de metales pesados como el mercurio de las amalgamas metálicas y de los empastes y otros que también están presentes en el pescado y en algunas vacunas. Es importante adquirirla con la pared celular rota porque si no, no se metabolizará bien, y para romper su membrana se requiere de una alta tecnología que no la degrade.

Maca del Perú

Alimento capaz de oxigenar la sangre y que da energía, mejora el sistema hormonal y endocrino (tiroides y suprarrenales), potencia los neurotransmisores, disminuye la ansiedad... Dado su efecto endrocrino se usa para regular la menopausia, la menstruación, la fertilidad e incluso para la impotencia masculina. Rica en proteínas, vitaminas y minerales (hierro, calcio, fósforo, potasio y sodio). Los beneficios nutricionales de esta raíz andina han sido demostrados en estudios médicos, donde se ha visto su acción beneficiosa en anemias y déficits de crecimiento, y sus propiedades energéticas o anti-estrés. Se vende en forma de polvo —o harina— y se usa 1 cucharada cada vez. Actúa como emulsionante de las grasas.

Morínga oleífera

Es un árbol de secano proceden-te de la India que se cultiva en todo el mundo. Sus hojas se consumen en polvo o directamente. El sabor es agradable y sus hojas se pueden co-mer crudas o cocinadas, dejando un gusto ligeramente picante como los berros. También se comen sus raíces. Tiene muchas proteínas, todos los aminoácidos esenciales, vitaminas, minerales y 46 antioxidantes, por lo cual es considerada una de las plantas más nutritivas. Entre sus propieda-des están regular el azúcar en sangre y el colesterol, mejorar la digestión, mejorar las defensas, es antiinfla-matoria, tonificante, mejora la piel, etc... Se puede consu-mir también el aceite que

es claro y sin olor, y se ha usado para cuidar y embellecer la piel desde la época de los antiguos árabes y egip-cios. Es un alimento en auge en la actualidad porque contiene 2 veces más proteína que la soja, 7 veces mas vitamina C que las naranjas, 4 veces más vitamina A que las zanahorias, 17 veces más calcio que la leche, 3,4 veces más potasio que los plátanos, muchos ácidos grasos no saturados, y grandes cantidades de clorofila, lo cual provee al cuerpo de gran canti-dad de energía lumínica del sol.

Rejuvelac

El agua enzimática o rejuvelac se obtiene remojando en agua semillas que al fermentar aportan un caudal de enzimas y flora benigna para el co-lon como producto de esa fermen-tación. Estas semillas pueden ser de trigo u otros germinados como alfal-fa, centeno, cebada, mijo, lentejas, quinoa, fenogreco...

Gracias al alto contenido en en-zimas, el rejuvelac ayuda a digerir los alimentos, mantiene limpio el colon y estimula la flora benéfica intestinal impidiendo el crecimiento de la flora patógena y favoreciendo la síntesis de vitaminas. Estimula el siste-ma inmunitario, desinflama el aparato digestivo, corrige

tanto la gastritis o inflamación de la mucosa gástrica como la colitis o inflamación del colon. Puedes encontrar numerosos videos en Internet sobre cómo preparar rejuvelac.

Cómo hacer leche vegetal

En la actualidad, es cada vez más habitual encontrar leches vegetales en los estantes de los supermercados, pero es muy fácil y asequible prepararlas en casa, con lo que serán más sanas —sin conservantes ni saborizantes externos— y económicas. Estas leches duran varios días (pocos) en la nevera. Haz la que veas que consumes pronto. Hay quien les añade 4 dátiles —sin hueso— para endulzarlas, lo cual resulta una excelente idea. Si no, se puede usar estevia o sirope de ágave. Todas se hacen prácticamente igual: humedecer, batir y colar.

Leche de almendras

Rica en proteínas, ácido linoleico y oleico, minerales como calcio y fósforo. Recomendada para niños y embarazadas.

1 taza de almendras crudas, sin tostar, peladas o con piel.
Añadir 1 litro de agua y dejarlas toda la noche en remojo.

Por la mañana retirar las pieles —si las tenían— y luego batir con esa misma agua (que contiene enzimas recién activadas), y añadir un toque a vainilla (extracto liquido), canela en polvo o rama, o bien algunos arándanos o dátiles para darle un toque de sabor al gusto. Después se puede pasar por una tela de quesero[2] o colador fino para que no tenga grumos, pero así perderemos algunos de sus nutrientes y también la beneficiosa fibra.

Leche de avena

La bebida de avena es una de las más ricas en fibra. Quizá su principal propiedad sea su elevado contenido en vitamina B que se recomienda para calmar y fortalecer el sistema nervioso.

50 a 100 gramos de copos de avena
1 litro de agua
$^{1}/_{4}$ de cucharadita de sal (opcional)
unas gotas de extracto de vainilla o de canela (opcionales)

Cubrimos los copos con agua desde la noche anterior. Al día siguiente colamos todo y batimos con el resto de los ingredientes en una batidora de vaso. Con una gasa colamos el batido para que no tenga grumos ni fibra, según gustos.

Leche de avellanas

Rica en calcio y fósforo, ideal para el crecimiento de niños y embarazo. Se hace como las anteriores, dejando de noche las avellanas crudas en remojo y batiendo por la mañana con estevia, dátiles o miel, y toque de vainilla al gusto.

Leche de arroz

Especialmente indicada para personas con dificultades digestivas e incluso para bebés que no pueden ser amamantados, o para cuando el cuerpo está muy revuelto y no admite ningún alimento y en todo tipo de trastornos gastrointestina-les, como gastritis, acidez, náuseas y vómitos, enfermedad de Crohn, colon irritable, gastroenteritis, etc. Hay que cocer bien el arroz integral y luego batirlo en agua. Después colar con una tela, como siempre, y conseguir espesor al gusto.

Leche de soja

Rica en proteína (no muy digerible además), por lo que está contraindicada para personas con peligro de infarto, dado el riesgo que supone consumir excesivas proteínas. Su alto ratio de isoflavonas puede propiciar también una proliferación hormonal excesiva en personas que padezcan cáncer, por lo que tampoco debe ser consumida por estas. Está muy en descrédito actualmente, especialmente cuando no es hecha en casa, debido al uso de soja transgénica. Por esa razón, recomiendo comprar soja no manipulada y fabricarla sencillamente en casa con unas máquinas específicas (ver Soyabella. info y Sojamatic.com, que preparan leche de soja y arroz mediante calor, pero también con el resto de semillas en frío). La soja cruda contiene un «principio antitrípsico» que impide que la tripsina —enzima proteolítico— se active haciendo salir el germen de la planta cuando no le corresponde.

Esto la convierte en indigesta si no anulamos esa enzima «antiactivación» mediante el calor. Este efecto se elimina haciendo pasar a la soja por un proceso de calor que las máquinas de fabricar leche de soja realizan de forma automática. Si no, también la podemos hervir en casa durante al menos media hora y luego pasarla por un lienzo, como siempre.

Hay otras leches diversas que se pueden preparar a base de semillas vegetales. Por ejemplo podemos preparar la leche de alpiste que es muy buena para rebajar el colesterol, la clásica leche de chufa que contiene muchas enzimas, leche de coco muy energética y contra la candidiasis y parásitos, la leche de castañas para dar energía, la de quinoa que contiene todos los aminoácidos esenciales, la leche de nueces para los amantes de este maravilloso fruto, o la leche de sésamo que es buena para el sistema nervioso, insomnio, estrés...

Las pepitas o semillas de la fruta

En la red hay mucha información, con un origen no siempre claro. He visto demasiados videos de batidos donde no mencionan la necesidad de retirar las pepitas y las incluyen directamente en las máquinas que las trituran. Afortunadamente, estas no contienen cantidades muy grandes de toxinas y alcaloides, pero su consumo reiterado como proponemos aquí puede llevarnos a una ligera intoxicación porque contienen cianuro. Incluidas las de las manzanas.

Las frutas son el modo de distribuir su germen los árboles y de propagarse. Para ello, envuelven la semilla en un fruto más o menos dulce –la pulpa– que lo haga apetecible al resto de los seres vivos que se mueven en su entorno. Aunque se coman las pepitas, estas se expulsan enteras y pasan así a la tierra donde crecerá una nueva planta, pero otra cosa es molerlas. El árbol protege las semillas de sus depredadores haciéndolas amargas, y lo hace dotándolas con una pequeña dosis de venenos como es el cianuro en el caso de las manzanas y de otras semillas amargas. ¿Habéis probado a comer la semilla de un hueso de melocotón? Pues no lo hagáis, porque es muy amarga por esa misma razón. Esa toxicidad amarga las aleja del deseo de los animales con dientes trituradores, que rápidamente comprenden que no son comestibles, al revés que la pulpa que las rodea. Ese es el modo que tienen de proteger su diseminación.

Si no consumes muchas manzanas puedes triturar en la licuadora también las pepitas, pero considero que es un error hacerlo, especialmente si las licúas a menudo. Hay que retirarlas previamente cortando las manzanas en cuatro trozos antes de licuarlas y extrayéndoles las semillas.

Vinagre de manzana

El vinagre de vino contiene ácido acético que es nocivo y destruye los glóbulos rojos y también ácido tartárico que es un acidificante y conservante natural. No debe utilizarse. En cambio el vinagre de manzana contiene un ácido beneficioso que es el ácido málico (de malus, manzana en latín) que juega un gran papel en los procesos digestivos y que se almacena en el hígado como glucógeno o reserva de glucosa. Al revés que el de vino, el vinagre de manzana ayuda a mejorar el estado de los vasos sanguíneos y genera glóbulos rojos, conteniendo mucho potasio. El ácido málico que contiene además sirve para activar la energía orgánica al intervenir en el ciclo de Krebs para la fabricación de ATP (energía), y no solo eso, también reblandece los cálculos biliares facilitando así su rápida expulsión por las vías biliares, sin provocar dolorosos cólicos.[3] Los cálculos biliares son en un 80% de colesterol seco y en un 20% de sales calcificadas, pero se disuelven poco a poco tomando batidos verdes crudos a diario y un vaso grande de agua caliente al levantarse con el zumo de 1 limón. El vinagre de manzana también ayuda mucho por el ácido málico que contiene, y además es un antiséptico que aplicado sobre las varices las reduce (práctica común en Escocia). Para ello se disuelve previamente una cucharada en dos vasos de agua y luego se aplica.

Lo ideal es tomar el vinagre de manzana como aliño en ensaladas, en lugar del procedente del vino. Así nos ayudará también en la digestión porque nos aporta cierta acidez si poseemos poca fuerza digestiva.

Vitamina K *versus* sintrom

La vitamina K está presente en muchos vegetales de hoja verde y hortalizas, por lo que su carencia es rara. Se la conoce como la vitamina de la coagulación (antihemorrágica), porque hace que la sangre coagule al activar los factores de coagulación. Los pacientes que están tomando el fármaco «*Sintrom*»® es porque presentan un riesgo elevado de trombosis o embolias. Si han decidido tomar batidos verdes crudos pueden tener una sobreexposición a la vitamina K que altere sus parámetros de coagulación, por lo que los médicos suelen recomendarles dejar de comer verduras de hoja verdes como espinacas, brécol, repollo, lechuga... Esto es un error, porque las verduras de hoja verde tienen muchos más nutrientes que la vitamina K, pero en todo caso estos enfermos deben hacerse cargo de que los batidos multiplicarán la misma en el organismo. Si es tu caso, consulta a tu médico para que te ajusten el Sintrom, y vete poco a poco ajustando dieta y fármaco. Una dieta rica en vitamina K disminuye la eficacia de los anticoagulantes.

3ª
PARTE

HÁBITOS SALUDABLES
Y HÁBITOS TÓXICOS

La dieta de los BATIDOS VERDES

La dieta más sostenible

Los vegetales son y serán siempre los héroes del programa mas saludable y sostenible. No solo porque comer carne sea insostenible para el planeta[1] sino –y sobre todo– porque a diferencia de otras dietas (la mayoría) este programa dietético no acaba por agotar los recursos del organismo produciendo un drástico efecto rebote y el agotamiento de nuestras enzimas y minerales de reserva acumulados. Al contrario, la dieta de los batidos verdes crudos promueve la acumulación de enzimas en el organismo para el resto de las funciones orgánicas y también el acúmulo de minerales esenciales. Nutre y cura. Al no ser una dieta acidificante y sí muy alcalina, no obliga al cuerpo a desplegar sustancias tampón para revertir la acidez, y en cambio le permite desde el primer día ponerse a trabajar a favor de tu salud, mientras va depurándose el organismo.

Por eso es una dieta «sostenible», porque no consume recursos de tu cuerpo necesarios para el mañana, sino que en vez de ello los aporta. Por tanto no produce el clásico efecto rebote de todas las dietas, y sí un efecto curativo y adelgazante sostenido en el tiempo. Podrás adelgazar sin tener que recurrir a otras dietas peligrosas como las hiperproteicas, que causan siempre acidez orgánica y el consabido *efecto rebote*. El rebote viene dado porque al abandonarlas se recupera –en un breve plazo– el peso que se ha perdido, y se sufre de paso un desgaste orgánico consecuencia del abuso dietético realizado. Con este tipo de dietas la salud se deteriora; sin embargo, mucha gente no parece comprender que sus enfermedades provienen de su modo de alimentarse.

Al cuerpo, como a los niños, no hay que darle todo lo que pide, pero sí todo lo que necesita. Estar obeso es una demostración palpable de estar enfermo, y los batidos verdes crudos te ayudarán primero a curarte y luego a volver al peso ideal que te corresponde. Tomados diariamente

y alternando sus componentes, proporcionarás a tu dieta una gran variedad nutricional, mientras alcalinizas tu organismo. Podrás bajar de peso y reducir el colesterol porque actuarás sobre el hígado maximizando su metabolismo depurativo. Alcalinizarás tu cuerpo y finalmente sanarás por-

que le estarás dando todo lo que necesita. Seguirás un camino correcto.

Y para ello las únicas herramientas que precisas son una batidora de vaso lo más potente posible y una licuadora/extractora de jugos de gran tamaño. De este modo, incorporando los sencillos batidos a tu vida puedes perder más de 1 kg al mes, aunque esto es una cuestión de biotipo y metabolismo[2] individual. Si decides hacer una dieta exclusiva de batidos durante unos días, la pérdida de peso puede ser considerable.

Cuidando un poco la ingesta habitual es relativamente fácil adelgazar con los batidos verdes crudos, porque ellos proveen al organismo de todos los nutrientes que este precisa, alejándonos de los antojos por la comida y de los alimentos perniciosos que dilapidan nuestra salud. Corrigen, por tanto, la corrupción de nuestro paladar y reducen la apetencia de dulces, fritos, grasas y demás alimentos «robanutrientes» y tóxicos. Los batidos verdes crudos nos encauzan por la senda de la salud y generan apetencia de más alimentos crudos y una dieta más limpia o alcalina.

Los batidos verdes crudos son un auténtico milagro a nuestra disposición, y no podrás evitar compartir tu entusiasmo por ellos con amigos y familiares cuando compruebes en ti mismo los maravillosos efectos en tu salud y tu energía corporal, e incluso mental. Son una auténtica revolución alimenticia que debemos aprovechar para mantener y/o recuperar la salud perdida. Sus efectos no tardarán en notarse. Nunca algo tan sencillo demostró ser tan eficaz y prometedor, y es debido a sus efectos sobre la acidez orgánica. Tus achaques disminuirán y quizás puedas ir prescindiendo de los medicamentos, porque la alimentación alcalina es la clave de la salud orgánica. Se ha demostrado que una buena nutrición es capaz de resolver la mayoría de las patologías, y los batidos verdes crudos son un manantial de salud a nuestro alcance. Gran parte de la sociedad está enferma por unos hábitos alimentarios incorrectos. Los batidos verdes crudos ayudarán a corregir drásticamente este problema para siempre.

Sin necesidad de hacer ninguna dieta especial, la incorporación de los batidos verdes crudos a tu estilo de alimentación te proporcionará la base de una nueva salud y los cambios se sucederán en tus gustos alimentarios.

En el verano, los batidos verdes crudos son el alimento por excelencia. El sabroso gazpacho es prueba de ello, plenamente incorporado en la cultura mediterránea. Manantial de salud de reconocido prestigio, el gazpacho es un batido verde crudo más. No lleva vegetales de hoja, pero, ¿quién ha dicho que no se le pueden añadir?

Toma tus batidos verdes crudos frescos —mejor que fríos— cada día en verano y caliéntalos al gusto en invierno añadiéndoles un poquito de agua caliente. También cuando los saques de la nevera dales un toque de agua caliente para quitarles el frío y facilitar así su digestión. Por eso, lo ideal es siempre tomarlos en el momento de su elaboración.

Salud e intoxicación

La limpieza interna es el único camino hacia un cuerpo saludable.

CdV

La salud es el balance entre la ingesta alimentaria adecuada —tanto en calidad y cantidad, como bien masticada, asimilada— y la correcta eliminación de sus residuos. Ahí entran de lleno los batidos verdes crudos, porque contienen nutrientes de la máxima calidad para nuestros órganos, son fáciles de digerir y también de eliminar por la fibra que contienen.

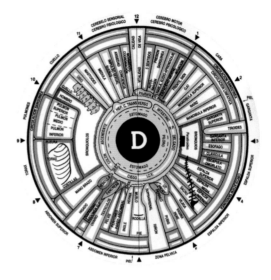

Frente a la *fastfood*, o comida rápida y procesada, los alimentos crudos contienen todos los nutrientes que le faltan a aquella y que han sido preparados para nosotros por el sol directamente.

Somos lo que comemos, pero sobre todo somos lo que asimilamos. Los mejores alimentos en un intestino espástico y sobrecargado de placa mucoide[3] no tendrán el mismo efecto que si hemos limpiado a fondo nuestro colon. Un hígado activo y limpio también aprovechará esos nutrientes mucho mejor. De ahí la importancia de complementar la dieta con terapias que faciliten la limpieza interna de los órganos de la digestión como son la limpieza hepática y la limpieza intestinal. El intestino es la raíz de la planta humana y su trabajo es, junto con el del hígado, el laboratorio orgánico. En el centro del cuerpo, alrededor del ombligo, se halla el intestino, y en el iris del ojo, rodeando la pupila, se halla el área refleja del intestino, revelando que es la zona cero de la salud orgánica. De él depende en gran medida la salud del resto de los órganos.

Por ello considero prioritario mantener el sistema hepato-intestinal limpio y sano. No comprender esto es letal, pues pondremos el foco en falsas formas de curar y de enfrentar las enfermedades. Así, confiaremos en la tecnología humana y no en la tecnología de la naturaleza. Grave error, porque la tecnología médica da garantías científicas (cirugía, quimioterapia, sueros, pastillas...) pero no da la salud. Solo aquello que es acorde con la naturaleza humana original da salud. Podrán paliarte tus síntomas con cientos de fármacos distintos y hacerte creer que las distintas patologías que aparezcan son diferentes por su denominación o diagnóstico diverso, pero lo cierto es que todas las enfermedades tienen un solo nombre: INTOXICACIÓN.

Haciendo un símil con un árbol, diríamos que el tronco representa la intoxicación como causa de todas las enfermedades que se manifiestan en las ramas, siendo las hojas los síntomas floridos. Pero es el terreno tóxico sobre el que se asientan las raíces —los intestinos— lo que da lugar a esta intoxicación o acidez

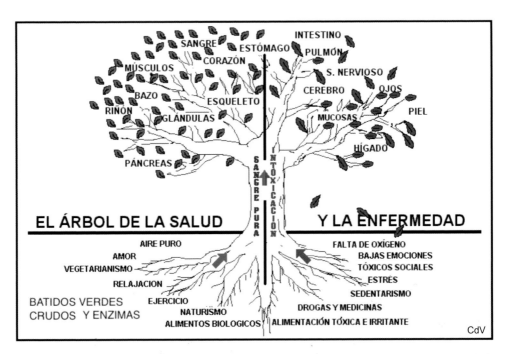

En este cuadro podemos ver la representación del árbol de la salud o la enfermedad, según qué estilo de vida elijamos, así será lo que obtengamos. O bien alimentamos los órganos con salud o bien con enfermedad, todo ello a partir de nuestros hábitos alimentarios y de vida.

orgánica. Ya lo dijo el premio Nobel de medicina Otto Warburg, todas las enfermedades son ácidas, donde hay oxígeno y alcalinidad no puede haber enfermedad, incluido el cáncer. Trabajando sobre el metabolismo de los tumores y el proceso de oxidación descubrió que las células cancerígenas se ahogan en un lodo tóxico y que al no alcanzarles el oxígeno lo tienen que fabricar a partir de la glucosa. También decía que privar a una célula del 35% de su oxígeno durante 48 horas puede convertirla en cancerosa. El medio ácido impide al oxígeno alcanzar las células, y el medio ácido es un medio tóxico. Es esto lo que les lleva a un deterioro del ADN y a su replicación sin control en forma de tumores.

El sol, el agua, el aire, el ejercicio aeróbico, la meditación y muy especialmente la alimentación son los que nos devolverán la salud. En este libro nos ocupamos solamente de la alimentación cruda a base de batidos de vegetales y frutas, los cuales nos servirán de lanzadera hacia una salud completa e integral.

La eficacia y rapidez de los jugos orgánicos de los batidos verdes crudos en sus efectos los posicionan casi como una panacea maravillosa a nuestra disposición. La facilidad de su preparación y sus virtudes sin fin han contribuido a ello. Animaos y consumid batidos verdes crudos a diario. Nunca habréis tomado una decisión mejor.

Hábitos saludables frente a hábitos tóxicos

La medicina actual sabe mucho de enfermedad, pero muy poco de salud y de cómo establecer condiciones saludables. Hay mucho mito ocultando intereses creados, mientras la salud de la gran masa humana se está perjudicando. En las sociedades autodenominadas «avanzadas» cada vez crece más el gasto sanitario en igual proporción a lo que crecen las enfermedades crónicas. Nunca se gastó tanto en hospitales y cuidados médicos, y al mismo tiempo estuvo tan enferma la población. Irónico, ¿verdad? Por supuesto, el enfermo crónico es rentable para las corporaciones farmacéuticas, cada día más en entredicho. Han secuestrado el *ars medica* para ponerla a su servicio. Todo comenzó a finales del XIX con el mito de Pasteur y los microbios, la primera forma conocida para manejar a las grandes masas de población (el ébola o la gripe A serían las más recientes). Pasteur señaló al microbio como el causante de las enfermedades y desde entonces ya hubo un objetivo al que combatir con agentes químicos. Pero al final de su vida, en su lecho de muerte, Pasteur reconoció la verdad[4]... la misma que defendía el fisiólogo Claude Bernard: el terreno lo es todo. El medio interno y su estado tóxico o no tóxico (ácido o alcalino) son la clave de la salud.

A nadie, salvo al enfermo, le interesa depurar el medio interno con prácticas y sistemas naturales por la sencilla razón de que no dejan rendimientos económicos. Tan solo los naturistas, incluidos médicos, fueron quienes siguieron divulgando la necesidad de limpiar el cuerpo por dentro para evitar a los microbios que allí se asientan, y también el resto de las patologías degenerativas. Por eso, si no te ocupas del terreno no te curarás. La clave de la salud es la limpieza interna. Esta es una máxima naturista.

Lo peor es que la juventud está enfermando con esta alimentación deficitaria y perniciosa. Conozco casos de infarto con 30 años, cuando hasta hace poco solo se daban en personas mucho mayores. Fijaos en los niños con sobrepeso, en mi infancia casi no existían y en todo caso eran mucho más delgados que los actuales. La obesidad se ha convertido en una plaga creciente e imparable. Las dermatitis y el asma antes casi no existían, y ahora es a la inversa, ¿quién no conoce a niños con atopias, eccemas, asma...? ¿Qué está pasando? ¿De dónde proviene todo esto? Tiene mucho que ver con la alimentación que tomamos cada día. Mucha gente aún no comprende cuán íntimamente ligada está la alimentación con su salud. Pero esto no les exime de sus consecuencias derivadas. En realidad, la enfermedad es un aviso del organismo para que modifiquemos prácticas y estilo de vida, para que corrijamos nuestras costumbres, especialmente las alimentarias, pues somos lo que comemos.

Hace mucho tiempo que sé que un estilo de vida acorde con la verdadera naturaleza del ser humano es la mejor garantía de salud. Esto incluye una dieta sana, rica en vegetales crudos y orgánicos, es decir sin pesticidas ni fertilizantes artificiales. Si queremos alejar la enfermedad de nuestras vidas tenemos que comprender esto: nuestros hábitos nos entierran o nos curan. Decía Hipócrates: «Que tu alimento sea tu medicina y que tu medicina sea tu alimento». A juzgar por las costumbres alimentarias predominantes, poca gente comprende esta máxima. Mas si no conoces qué alimentos son saludables, tampoco podrás incorporarlos a tu vida diaria. El Estudio de China[5] reveló que la dieta vegetariana es la mejor aliada de la salud, pero eso no es nada nuevo. Llevan siglos y quizá milenios repitiéndolo los seguidores del estilo de vida acorde a los principios de la naturaleza, de los cuales Hipócrates

fue siempre su mentor. Sus *aforismos* son el primer libro de naturopatía. Su escuela siempre estuvo en contra de los venenos y toxinas para recuperar la salud. La escuela contraria a la de Hipócrates era la de Cnido, centrada en la enfermedad no en el enfermo como un todo, y además usaba venenos como hace la medicina de hoy en día. Por eso Hipócrates es el primer higienista-naturista, que seguía los pasos del sistema yogui de curación proveniente de la antigua India, sin duda. También los naturistas llevan siglos diciendo que el

cuerpo funciona como un todo (holismo) y ese enfoque es el único que permite curarlo.

¿Cómo te sientes por el día? ¿Enérgico y vital? ¿O cansado, con apetito permanente y con mal descanso nocturno? ¿Caes adormilado en el sofá después de comer?¿O permaneces lúcido y alerta? Nuestra energía habitual revela nuestra capacidad para procesar y metabolizar los alimentos que ingerimos y la calidad de los mismos. Una mala nutrición, rica en alimentos procesados puede alterar el metabolismo, de ahí el aletargamiento pospandrial (digestivo) e incluso permanente a lo largo del día. La digestión es la generadora de energía orgánica y su propia función consume casi la mitad de todo nuestro caudal energético. Por eso, si la facilitamos, tendremos energía disponible para otros asuntos orgánicos y para el desempeño de la vida. Darle al cuerpo alimentos orgánicos crudos y facilitar su absorción al incorporar los batidos a nuestro organismo, nos proporcionará mucha energía disponible que de otro modo se consumiría en labores digestivas. El metabolismo se reactivará y dejará de generar grasa para esconder toxinas y procederá a deshacerse de las mismas, con un aprovechamiento óptimo de los nutrientes que le facilitan los batidos verdes crudos.

Imagínate un área desierta, con una tierra seca y yerma. Un pequeño río de agua comienza a abrirse paso entre el polvo, humedeciendo y nutriendo la tierra a su paso. Las flores comienzan a salir y el verdor de la hierba convierte la zona en un fresco y verde valle, lleno de color, vida y salud. Cuando aportes de esta manera nutrientes y agua a tus tejidos internos, las células recibirán al instante el beneficio, porque prácticamente asimilarás todo sin forzar la digestión. Las vitaminas, nutrientes, enzimas y fitonutrientes de los batidos verdes crudos riegan tu organismo por dentro y hacen florecer de este modo tan sencillo la salud. La salud es sencilla, pero los humanos complicamos todo, muchas veces para hacerlo rentable.

Freír los alimentos destruye sus enzimas porque estas son muy sensibles al calor. De ahí la necesidad de tomar alimentos crudos en una alta proporción. El microondas y la pasteurización también las destruyen. Por eso, ningún alimento procesado y envasado para la venta que haya sido pasteurizado contiene enzimas. Además, si cargamos al aparato digestivo con alimentos cocidos y fritos, lo estaremos sometiendo a un agotamiento enzimático inevitable.

Sin embargo, con la incorporación a nuestros hábitos de vida de los batidos verdes crudos, podemos combinar ambos métodos: cocido y crudo. Si hacemos uso de una ali-

mentación integral, orgánica, rica en verduras crudas, semillas y frutas aportaremos enzimas, minerales, vitaminas y todo tipo de nutrientes que no agotarán nuestras reservas y estaremos ayudando al cuerpo en su labor.

La combinación de los alimentos

Fue el doctor en biología norteamericano, Herbert Shelton, uno de los pioneros no solo en los ayunos higiénicos, sino también en tomar en consideración la necesidad de saber combinar los alimentos para que nutriesen correctamente al organismo. La dieta humana se pervirtió en algún momento de la historia cuando el ser humano se entregó al deleite de la comida por tener demasiados excedentes alimenticios. Pero el doctor Shelton, al igual que otros higienistas notables como el francés Albert Mosseri, o los médicos vascos Karmelo Bizcarra, Antonio Palomar y Eneko Landáburu[6], fueron todos ellos conscientes de la importancia del descanso fisiológico (ayuno) para el organismo y de la correcta y adecuada combinación de los alimentos para la salud. Dentro de esta corriente médica higienista, otro

médico y buen amigo, el doctor Juan José Núñez Gallego[7], desde su casa de reposo en Vigo continúa luchando por llevar este conocimiento a la sociedad hasta donde le resulta posible. Pero a la sociedad aún nos cuesta mucho entender la importancia del ayuno y de combinar los alimentos para la salud porque va en contra de nuestros hábitos acostumbrados a mezclar muchos alimentos distintos en cada comida.

¿Qué no debemos mezclar?
Ácido con almidón

El ácido inhibe y destruye la enzima *ptialina* presente en la saliva que es la encargada de predigerir en la boca los almidones mediante el masticado. El ácido la corta bruscamente, evitando así la primera digestión que es la que se realiza en la boca.

PROTEÍNAS   HIDRATOS DE CARBONO (ALMIDÓN)

NO

REGLAS BÁSICAS DE
COMBINACIÓN DE LOS
ALIMENTOS

SI   SI

VERDURAS

Acido: tomates, naranjas, vino, limón, pomelo, piña...

Almidón: patata, arroz, pasta, cereales, pan, tubérculos, raíces como zanahorias o remolacha, calabaza, castañas...

Fruta con almidón

Igual a retortijón (seguro). Mezclar fruta (azúcares de cadena corta) con almidones (azúcares de cadena larga) es producir gases seguro, de ahí el retortijón. La fruta se digiere rápido porque es agua y fructosa, y en media hora está eliminándose por vía renal. Los almidones requieren una predigestión en la boca, luego en el estómago y luego en el intestino delgado con los jugos pancreáticos. Esto llevará horas si se entorpece con los ácidos presentes en la fruta, lo que propiciará la fermentación intestinal. Por esta razón, LA FRUTA HAY QUE TOMARLA SIEMPRE SOLA, AL MENOS MEDIA HORA O MÁS ANTES DE LA COMIDA, Y CON EL ESTÓMAGO VACÍO. Y no mezclar frutas dulces con ácidas, siendo manzana y pera neutras. Lo mejor es un tipo de fruta cada vez.

Almidón con proteínas

A pesar de lo que parece, el estómago no solo secreta ácido clorhídrico. Cuando la digestión es de almidones, secreta un jugo alcalino que propicia la predigestión salivar de la *ptialina*. Cuando comemos proteínas (carne, queso, huevos, pescado) el estómago las detecta y libera el ácido clorhídrico para su digestión. Entonces los almidones consumidos conjuntamente no se digieren bien y fermentan, dando lugar a gases e intoxicación posterior por la mala digestión. Pequeñas explosiones intestinales serán la prueba del desajuste fermentativo. Además, se irrita también el intestino cuando esto se repite en el tiempo, aumentando su flora patógena. Pan y carne, pasta y carne, pescado y arroz, pan y queso, pescado y patatas, cereales y leche... son múltiples las fórmulas de combinar mal estos alimentos incompatibles. Los almidones deben ir siempre con verduras tan solo y las proteínas también solo con verduras. Así será mejor la digestión.

La digestión

La grasa inhibe la producción de ácido clorhídrico, por eso comer carne muy grasa resulta indigesto. Un vaso de vino es ácido y por eso ayuda en la digestión de las proteínas que requieren un medio también ácido, en cambio estorba mucho en la digestión de almidones que requieren un medio estomacal alcalino. Los refrescos de cola son muy ácidos y aunque el sabor lo compensan con elevadas dosis de azúcar (mas de nueve cucharadas soperas por lata), potencian el medio ácido digestivo porque contienen ácido fosfórico (E-338) que tiene un pH muy bajo y ácido, alrededor de 2 pH. Eso y el ácido carbónico que contienen, rico en volátiles burbujas, parecen ayudar a la digestión pesada de los alimentos procesados tipo *pizza* o hamburguesas. En realidad, los «refrescos» son una fuente de desnutrición totalmente elaborada de un modo altamente científico. Son «tóxicos sociales», como tantos otros: café, tabaco, alcohol... Si se consumen lo ideal es

hacerlo teniendo claro conocimiento de lo que estamos haciendo con nuestra salud a la hora de tomar esa funesta decisión personal.

Si has elegido no ser vegetariano, a pesar de que es lo más recomendable, debes comer un 60% de alimentos alcalinos (fruta, verdura) y no más de un 40% de ácidos, es decir cocinados. Es una elección personal que es facultativa de cada uno, pero al menos debemos tratar de que nuestro modo de alimentarnos no sea perjudicial para nuestra salud futura.

Se pueden mezclar hidratos de carbono/almidones con verduras, y también proteínas con verduras, pero nunca debemos combinar hidratos con proteínas, dada su distinta digestión. Proteínas e hidratos, por tanto, en la medida de lo posible deben ir en distintas comidas. Como es una regla difícil de cumplir, debemos aproximarnos a ella lo que podamos, sabiendo que si la cumplimos nos resultará más sana la digestión.

El almidón se empieza a digerir en la boca con la *ptialina* de la saliva mientras que las proteínas hacen que se secrete *pepsina* y acido clorhídrico en el estómago. Esto hará fermentar el almidón allí presente, dificultando la digestión porque cada alimento tiene un tiempo distinto de absorción. Tener mucho tiempo los alimentos en el tracto digestivo provoca que se pudran y nos intoxiquen por la descomposición que producen las bacterias intestinales, produciendo no solo malos olores intestinales sino también sustancias tóxicas.

Lo ideal es comer mucho crudo en las comidas, más de la mitad a ser posible. Esto aumentará nuestras enzimas digestivas y ahorrará de las

nuestras. Si el cuerpo no gasta de sus enzimas para la digestión las tendremos disponibles para otras necesidades. Hay que comer de todo, pero en distintas comidas del día, y mejor no comer animales.

La proteína animal requiere un medio ácido en el tracto digestivo mientras que el almidón uno alcalino. No debemos mezclar tampoco azúcares y grasas, ni frutas ácidas con dulces. Tampoco grasas (aceite, mantequilla) con proteínas (pollo, carne, pescado). Ni ácidos (piña, naranja) con almidón (pan, patatas, arroz). Igual que sucede con la fruta, tampoco es bueno mezclar proteínas diferentes entre sí, ni almidones diferentes. La fruta debe tomarse preferentemente sola o media hora antes de la comida debido a que es agua y fructosa, rápidamente digerible. Nunca tras la comidas porque sus azúcares fermentan mientras realizamos la digestión de lo ingerido previamente. La ácida tarda más en digerirse que la dulce.

Una mala digestión consume más enzimas digestivas, porque requiere metabolizar más productos indigestos. El hígado y el páncreas fabrican jugos y también con ellos muchas de las enzimas digestivas. Si no están presentes en los alimentos por

haber sido cocinados, tendrá que fabricarlas el hígado, por lo que puede entrar en un estado de agotamiento. Esto provocará una indigestión crónica y los alimentos mal digeridos aumentarán la flora intestinal patógena y la predisposición a la enfermedad. Si las proteínas no se asimilan bien y se pudren en el intestino darán lugar a toxinas como la *cadaverina*. Los hidratos de carbono que tampoco se digieran producirán una fermentación alcohólica. Las grasas se volverán rancias y tóxicas.

Todos estos productos mal digeridos, especialmente las proteínas, darán lugar a un estado tóxico orgánico que el hígado debería corregir,

pero no podrá hacerlo por estar ya saturado, por lo que lo pospondrá para tiempos mejores. El acúmulo de toxinas pendientes de neutralizar es el origen de múltiples enfermedades entre ellas la fibromialgia o el cáncer en sus múltiples manifestaciones. El cáncer no es una enfermedad, es un síntoma de intoxicación y un esfuerzo depurativo del organismo. Si le ayudamos se puede corregir, consumiendo alimentos alcalinos de modo intensivo. Por eso los tejidos orgánicos sanos son alcalinos y los cancerosos son ácidos.

Las proteínas mal digeridas dan lugar a *nitrosaminas* y amoníaco. Las aminas son compuestos nitrogenados derivados de la mala digestión proteica. Se generan a partir de alimentos proteicos debido a la acción de bacterias capaces de descomponerlas, descarboxilando los aminoácidos que las componen. Estas aminas son tóxicas, entre ellas la *histamina* (típica de las reacciones alérgicas), la *putrescina* y la *cadaverina*. Es por ellas que hay que guardar la carne en el refrigerador, porque si no los microorganismos presentes en ella rápidamente facilitarían su descomposición. Son las causantes del mal olor de la carne podrida. Y no solo en la carne, sino también están presentes en el pescado e incluso en los vegetales. Estas aminas pueden reaccionar con los nitritos presentes en los conservantes empleados en la conservación de los alimentos dando lugar a las peligrosas *nitrosaminas*, que

son carcinógenas. Por esa razón, usar sales de nitrito de sodio como conservantes o aditivos en la carne resulta peligroso. Vigilad la presencia de nitritos en los alimentos por su código E-249, E-250, E-251 y E-252.

Debemos hacer como los animales que comen comidas muy sencillas, y un alimento cada vez. Los platos sencillos son más digeribles y para ello usaremos muchas verduras (crudas) porque combinan bien con todo.

Por último, el melón y la sandía son prácticamente agua por lo que deben tomarse solos, dado que se digieren muy rápido. Las verduras con la fruta cruda combinan a la perfección, de ahí su inclusión en los batidos verdes crudos. Los tiempos de digestión de los alimentos son aproximadamente los siguientes:

Agua: 5 a 10 minutos, y en media hora aproximadamente ya se estará orinando.

Zumo de fruta y verdura: 30 m

Batido de fruta y verdura (lleva fibra): 1 hora

Fruta entera: 1 hora

Verduras: 1-2 horas

Legumbres: 2 horas

Carne y pescado: 4 horas

Los venenos son de color blanco

Comprender que todas las enfermedades surgen de la intoxicación interna producida por alimentos inadecuados y su elaboración, y que existe una relación estrecha entre lo que comemos y el cáncer y las demás enfermedades de la civilización, es el primer paso para retornar a la senda de la salud. Estos son algunos de los alimentos que consumimos a diario y que son auténticas bombas de relojería. Coinciden no solo en su pernicioso efecto, sino también en su color inmaculado.

Sal

Está presente en casi todas las comidas y sobre todo en todos los alimentos procesados y precocinados en cantidades muy superiores a lo recomendable. La sal ha sido refinada y contiene solo cloruro de sodio, una sal inorgánica que tomada en exceso produce alteraciones y envejecimiento por calcificación del cerebro. Si decides tomar sal, utiliza sal del Himalaya o bien sal marina sin procesar o sal de algas. En todo caso, úsala al mínimo posible y piensa que el pan y otros alimentos que compres ya la contienen.

Azúcar

El dulce veneno de nuestro tiempo. No solo engorda, sino que como el caballo de Atila destroza todo lo que toca. No contiene ningún tipo de nutriente porque ha sido refinado y para poder ser metabolizado se los roba al organismo. Mata el apetito y el gusto por las cosas sanas, y es adictivo hasta crear dependencia casi. El menos malo es el moreno o integral, pero tampoco es recomendable. Y sus sustitutos son aún peores: la sacarina y el venenoso aspartamo, son dinamita para la salud pues son neurotoxinas. Usa estevia o miel, y abandona para siempre estos dulces venenos.

Arroz refinado

No contiene más que almidón, carece de fibra y de nutrientes y es muy parecido al pienso de engorde. Son meras calorías vacías que debemos desechar.

Harina refinada

Igual que el arroz han sido extraídos sus nutrientes principales y han dejado tan solo el almidón. Acidificante poderoso. Consumidla solo integral.

Leche

Si bien con los anteriores pseudoalimentos rápidamente se comprende el error de consumirlos, el ataque a la salud que suponen los lácteos requiere una explicación más amplia que ofrecemos en el siguiente capítulo.

Agua del grifo (o llave)

Viene contaminada de diversas formas por metales pesados, arsénico y especialmente por cloro. El cloro utilizado como aditivo desinfectante, es muy tóxico para la salud y debemos utilizar un filtro de ósmosis inversa antes de ingerir el agua de la traída municipal. Una vez filtrada con un filtro de ósmosis inversa es bastante aceptable. De todos modos, el agua más vitalizada y vitalizante es la que está en frutas y verduras que consumimos en forma de zumos y batidos verdes.

Otros

Retira también de tu alimentación habitual la carne, todos los lácteos, el alcohol, café, té, tabaco, azúcar, cacao, sal, las drogas legales (o medicamentos) siempre de acuerdo con tu médico, y también los *«refrescos»* de todo tipo porque son deshidratantes. No consumas colorantes y aditivos como: aspartamo, sacarina o el peligroso potenciador del sabor conocido como **Glutamato Monosódico** (E-621)... pues son todos ellos tóxicos. Así estarás despejando un poco más tu camino hacia la salud.

Ten también cuidado con las pieles de las frutas no orgánicas y lava bien las verduras que consumas, a chorro amplio bajo el grifo, sea cual sea su origen pues contienen

pesticidas y barnices para hacerlas brillar. Puedes utilizar para ello escurridoras de verduras o centrifugadoras de ensaladas.

Compra tus alimentos a productores locales que no empleen pesticidas ni abonos nitrogenados los cuales normalmente se usan en los cultivos intensivos industriales. Los alimentos transgénicos se han multiplicado exponencialmente en los últimos años y tanto la soja como el maíz son todos prácticamente modificados. Evítalos salvo que sean orgánicos.

Los peligrosos lácteos

La leche de vaca es un concentrado alimenticio y está especialmente diseñada por la naturaleza para el crecimiento y desarrollo de los terneros. No de los humanos. Pero los humanos hemos sustituido la leche materna por la leche de vaca y seguimos tomándola hasta la muerte. Por cierto, la leche colabora notablemente en incrementar las tasas de morbi-mortalidad.

Imagínate, a tu edad, tomando el pecho de tu madre. Es algo absurdo, evidentemente, pero en cambio estás tomando el producto del pecho de una vaca sin darte ni cuenta. Has sustituido el pecho de tu madre por el de una vaca. Igualmente absurdo sería que una vaca adulta estuviese mamando de su madre, pero los humanos en cambio seguimos tomando leche cuando ya hemos crecido, y lo peor es que cuando somos adultos no necesitamos el cóctel de nutrientes de la leche materna, y menos aún el de la leche de vaca.

Al destetarnos, a partir de los 2 años de vida, perdemos progresivamente la enzima *lactasa*, que es la que digiere el azúcar de la leche denominado lactosa, y por tanto, no podemos metabolizarla. De ahí los efectos perniciosos de los lácteos como son alergias, diarreas, colitis, etc... Hasta más de 32 patologías, algunas muy graves, se han descrito derivadas del consumo de lácteos.

Un ternero dobla su peso y tamaño en mes y medio, todo ello gracias a la leche de su madre. Sus nutrientes están ajustados a sus patrones de crecimiento, pero no a los nuestros. El ser humano no crece tanto, ni tan rápido como un ternero. La leche materna durante la lactancia del bebé tiene un 7% de proteínas porque el primer año de vida es el periodo de mayor crecimiento que registramos los humanos. Nunca a lo largo de la vida vamos a necesitar consumir una cantidad mayor de proteínas, porque nunca vamos a desarrollarnos de ese modo. Todo lo que pase de ahí es un exceso que habrá que depurar y eliminar.

La leche de vaca y sus derivados, como el queso y el yogur, son los alimentos que mayor índice de mucosidad producen en el tubo digestivo y en las vías respiratorias, lo cual no es de extrañar si tenemos en cuenta que su composición es rica en caseína, una proteína láctea que suele usarse directamente como adhesivo en la elaboración de productos alimentarios y también en la elaboración de pegamentos, pinturas, cubiertas protectoras, plásticos... Que se la utilice

para fabricar cola de carpintero, nos revela la fuerza pegajosa de esta proteína, innecesaria para los humanos que en su lugar tienen acceso a una alimentación variada y sana. Que nadie se extrañe de que la leche provoque flemas y mucosidad, muy especialmente a los niños que acabarán desarrollando vegetaciones y mala ventilación nasal. Si un niño precisase tomar leche, y no tuviera leche materna por cualquier razón, la mejor leche que le puede dar —por ser la más parecida a la humana— es la de cabra sin pasteurizar ni hervir, es decir cruda. Como la humana, tiene la ventaja de no producir mucosidad, pero una vez hervida perderá gran parte de sus propiedades.

Los países que mas leche consumen (EE.UU., Suecia, Inglaterra...) son también los que poseen mayores tasas de osteoporosis. La carencia de calcio y consecuentemente la patología que genera, la osteoporosis, es debida al consumo de lácteos.

Claro que esto no va a salir en la publicidad de las industrias. Pero lo peor de todo es que los productos lácteos, además, producen cáncer y varias otras patologías derivadas de la mucosidad que contienen. El Estudio de China ha relacionado en mujeres el consumo de lácteos con el cáncer de pecho, y en los hombres con el de próstata.

El prestigioso doctor Hiromi Shynia, inventor de la colonoscopia, nos dice en su libro *La Enzima Prodigiosa* que después de analizar el colon a más de trescientos mil pacientes tiene la certeza de que la colitis ulcerosa y la enfermedad de Crohn son producidas por el consumo de leche de vaca. No solo eso, también cree que produce osteoporosis y cuestiona el mito de las bondades del yogur, diciéndonos claramente que si tomas yogur a diario el estado de tu intestino empeorará. Y lo dice con la confianza de quien ha visto cientos de miles de ellos por dentro y los ha corregido en todos los casos eliminando los lácteos de la dieta. Y añade que si a todo esto le sumamos café y carne, provocaremos la aparición de cáncer de pecho en mujeres o de próstata en hombres.

Al ver la historia alimentaria de mis pacientes con cáncer, normalmente descubro que han tenido una dieta basada en proteína animal y lácteos, como la carne, el pescado, los huevos y la leche. Más aún, he descubierto en personas enfermas que existe una relación directa entre el desarrollo de la enfermedad y durante cuánto tiempo y con qué frecuencia han consumido estos alimentos; en otras palabras cuanto más temprano y con más frecuencia consuma una dieta animal (en especial carne y lácteos) antes desarrollará una enfermedad. Hay diferentes tipos de cáncer —de mama, de colon, de próstata, de pulmón— pero sin importar el tipo, esta conexión con una dieta animal se mantiene.

HIROMI SHINYA

Consumir lácteos es un mito cultural promovido por la campaña de *marketing* más insidiosa que existe. Tú eres el pez que debe morder el anzuelo, y toda una corte de nutricionistas contratados por las empresas avalarán tu elección. Así se encargan de que nunca sepas la verdad, es decir que te estás intoxicando con alimentos insanos. Adiós a tu dinero, y lo que es más importante, adiós a tu salud.

La leche es rica en nutrientes (proteínas, grasas, lactosa, calcio, fósforo...) y contiene gran cantidad de hormonas de crecimiento que

estimulan la proliferación celular, haciendo que aumente rápidamente de peso el ternero. Hay quien señala incluso que su consumo ha hecho crecer de tamaño a los seres humanos, y podemos comprobar que el mapa de mayor consumo coincide con los europeos más altos y grandes. Pero este mapa del consumo también señala los países con mayor incidencia del cáncer en general y de pecho en particular. ¿Por qué? Porque el tejido mamario es muy sensible a los estrógenos y hormonas presentes en la leche, lo cual es un efecto indeseado e inesperado del consumo de leche, y especialmente cuando hay un bajo nivel de aporte enzimático externo que lo evite.

El caso de Jane Plant

Cinco episodios de cáncer en su cuerpo llevaron a la científica Jane Plant a investigar sobre esta enfermedad que no se daba en Oriente. Pero lo cuenta mejor ella:

> Mis primeras sesiones de quimioterapia no tuvieron ningún efecto. El tumor seguía del mismo tamaño. Entonces suprimí los productos lácteos. En solo días el tumor empezó a encogerse. Dos semanas después de mi segunda sesión de quimioterapia

y una semana después de haber suprimido los productos lácteos, el tumor de mi cuello empezó a picarme. Luego empezó a ablandarse y a reducirse de tamaño. El tumor se hacia cada vez más pequeño.

Un sábado por la tarde, unas seis semanas después de haber suprimido los productos lácteos de mi dieta, empecé a hacer una hora de meditación y luego palpé lo que quedaba del tumor. Ya no quedaba nada.

Sí, estaba muy acostumbrada a detectar los tumores cancerosos. Había descubierto mis cinco tumores yo misma. Le pedí a mi marido que palpara mi cuello. El tampoco encontró ningún tumor. El jueves siguiente tenía hora con mi oncólogo

en el Charing Cross Hospital de Londres. Me examinó a fondo, sobre todo mi cuello donde estaba el bulto. Se maravilló: «¡No lo encuentro!», dijo. Ningún médico, por lo visto, se esperaba que nadie con mi tipo de cáncer al nivel que estaba (ya había invadido el sistema linfático) sobreviviera. Mi especialista estaba tan feliz como yo. Cuando al principio discutí mis ideas con él, se mostró comprensiblemente escéptico. Pero ahora, en sus conferencias, utiliza mapas de China para ilustrar los bajos índices de mortalidad por cáncer en aquel país y ¡recomienda una dieta sin productos lácteos a sus pacientes!

Ahora pienso que la relación entre los productos lácteos y el cáncer de mama es similar a la relación entre el fumar y el cáncer de pulmón. Creo que me curé identificando esta relación y siguiendo una dieta especifica para mantener la salud de mi mama y de mi sistema hormonal.

Estos son algunos de los problemas[8] que se han relacionado con el consumo de leche:

- Alergia
- Anemia
- Antibióticos
- Arteriosclerosis
- Asma
- Artritis reumatoide
- Bacterias
- Cálculos renales
- Cáncer
- Colesterol
- Diabetes
- Dioxinas
- Diarrea
- Enfermedad de Crohn
- Enfermedad de Cruetzfeld-Jacob o «vacas locas»
- Grasa de cerdo (añadida a la leche rebajada)
- Hormonas
- Infarto
- Intolerancia
- Infección gastrointestinal
- Infección respiratoria
- Leucemia
- Migrañas
- Muerte súbita
- Nefrosis
- Osteoporosis
- Otitis
- Pesticidas
- Salmonella
- Sida (bovino)
- Tuberculosis

Por tanto, si quieres acumular enormes reservas de enzimas (prodigiosas), que corrijan los excesos y tóxicos alimenticios, prepárate tus batidos diarios de vegetales crudos con sabor a frutas. Tu salud intestinal te lo agradecerá. Y tus bacterias intestinales también. Estarás más sano a todos los niveles, y le darás a tu cuerpo la posibilidad de defenderse mejor a todos los niveles.

Marcia Angell (exeditora del *New England Journal of Medicine*):

Las compañías farmacéuticas dan dinero a las facultades de medicina y a los hospitales de enseñanza médica, apoyan la enseñanza médica y subsidian las reuniones profesionales. Cualquiera que sea el lugar donde se formen clínicos, allí están las grandes farmacéuticas listas para brindar ayuda. No hay duda de que influyen en el contenido del material didáctico. El resultado es que los médicos no solo reciben información parcializada, sino que aprenden un estilo de medicina muy orientado hacia la medicación... La FDA (Food and Drug Administration of USA) tiene que tener más poder como entidad independiente. En la actualidad es tan dependiente de la industria farmacéutica, que se ha convertido en la criada de las grandes farmacéuticas.

4ª PARTE

ENFERMEDADES Y SU CURACIÓN

La dieta de los BATIDOS VERDES

Todas las patologías, da igual el nombre con que se las identifique, se benefician de la dieta de los batidos verdes crudos. Por eso, da igual que el conjunto de síntomas o funciones afectadas se denominen diabetes, depresión, psicosis, asma, hipertensión, candidiasis, Crohn, fibromialgia, obesidad, piorrea, hepatitis... Todas las enfermedades son el resultado de un estado tóxico previo del organismo, que se manifiesta en determinados órganos más o menos debilitados (o de los que se abusó) en un intento del organismo por recuperarse. Las enfermedades son producto del esfuerzo curativo del organismo para reorganizarse y recuperarse, lo cual no siempre consigue, y menos aún cuando no le ayudamos y estorbamos en su trabajo restaurador. Debemos aliarnos con el organismo y ayudarle a desembarazarse del estado tóxico, pero hay que saber cómo hacerlo. La fiebre[1] es también una defensa orgánica que en general no sabemos aprovechar, cuando en realidad es muy fácil ponerla a nuestro favor para que nos cure y consuma a las bacterias y virus invasores de nuestro cuerpo lleno de toxinas.

Los batidos verdes crudos ayudan a los cuerpos enfermos a recuperar su vitalidad, reponiendo en ellos todo lo que precisan y que nuestro modo de vivir les ha hurtado. Curan y previenen las enfermedades, proporcionando un entorno óptimo para que se manifieste la salud verdadera.

Está demostrado que una dieta baja en calorías aumenta la esperanza de vida y ralentiza el envejecimiento.

Obesidad

Los batidos verdes crudos no solo son saciantes, sino que apenas aportan calorías y sí en cambio todo tipo de nutrientes esenciales para la salud, por lo que además de adelgazar también rejuvenecen. La obesidad es un problema corriente hoy en día debido al sobreabuso alimentario y la pésima calidad de los nutrientes que ingerimos. Es producida en buena medida por un estilo de vida que bajo el látigo del marketing apuesta por las comidas rápidas o fastfood, es decir comida precocinada que realmente es comida basura. Ya sabemos por qué... falta de enzimas y exceso de alimentos ácidos ricos en proteínas. Esto termina por sobrecargar, entre otros órganos al hígado, páncreas, estómago, riñón... El cuerpo fabrica grasa para protegerse de la acidez porque utiliza las grasas para rodear las toxinas y aislarlas hasta que pueda deshacerse de ellas. Un hígado en buen estado ejecutaría de modo rápido este desalojo de toxinas, pero su atranco provoca los mismos problemas que una central de reciclaje de basuras que se ha colapsado y no puede hacer frente a todo lo que le llega.

La acidez orgánica, las toxinas, también ralentizan el metabolismo, lo cual favorece el sobrepeso. Es un bucle, cuanto más sobrecargamos al hígado menos nos depuramos y mas nos acidificamos. Por tanto, hay que romper ese bucle y empezar a alcalinizar el cuerpo, retirando sus toxinas porque eso nos llevará también a adelgazar con salud. Si incrementamos el ritmo metabólico natural que limpia más de lo que ensucia (por los alimentos) estaremos aliviando el trabajo a la central de reciclaje. El hígado es el laboratorio humano y conservarlo sano tiene mucho que ver con lo que comemos. El hígado mantiene nuestro organismo libre de ácidos, por tanto si quieres adelgazar o también engordar, la clave está en mantener la alcalinidad interna de tu organismo. Para ello hay que consumir alimentos alcalinos que neutralizarán un sistema orgánico ácido o tóxico, y al desprenderse de las toxinas ácidas, lo hará también de la grasa que las rodea.

Una persona con sobrepeso puede parecernos muy fuerte y sin embargo carecer completamente de energía, estar todo el día agotado y necesitar descanso permanente. Esto es lo más corriente. Su estado, altamente tóxico, consume todo su capital energético y es muy habitual verlos gran parte del día recostados en el sofá. Se les acusa de vagos injustamente, o de no hacer deporte y que por eso no adelgazan, pero no es correcto. Es un problema fisiológico, de agotamiento energético y celular por un estado ácido crónico. A cualquiera en su lugar, con un cuerpo completamente acidificado, le pasaría exactamente igual, pues no tendría energía disponible ni para moverse en el día a día. Es como llevar cargado encima un saco de 30 o 40 kg permanentemente.

Es importante conocer que podemos revertir este estado consumiendo alimentos alcalinos como los que utilizamos para preparar batidos verdes crudos. La limpieza del hígado y del colon también ayudarán mucho. Cuando uno consume batidos verdes crudos exclusivamente durante 2 o 3 días, su nivel de energía aumenta drásticamente. Estas personas pueden pasar incluso un mes completo tomando batidos verdes crudos y recuperando su salud, es decir alcalinizándose por dentro. Tendrán más energía disponible, dormirán menos e incluso les apetecerá hacer deporte cada vez más. Es lo que produce la vitalidad: ganas de moverse y vivir.

Todo este panorama alentador que se abre con el consumo diario de alimentos vivos, ricos en enzimas, les motivará para continuar en el esfuerzo de curarse de esta patología cultural y sanitaria que es la obesidad. Después de haber ensayado múltiples dietas frustrantes, por fin verán la luz al final del túnel. Con los batidos verdes crudos no solo cae el peso, sino también la tensión arterial y el colesterol.

Desde este momento, debemos ver los alimentos como de dos tipos: los que acidifican o los que alcalinizan. Es prioritario elegir los alimentos que alcalinizan, procurando que sean el 80% de la dieta. Oxigenarse y respirar aire puro nos ayudará también en este objetivo porque los ejercicios aeróbicos son también muy alcalinizantes. El sedentarismo, por el contrario, acidifica. Nuestro cuerpo es una obra en permanente construcción y deconstrucción (anabolismo y catabolismo), generando continuamente nuevas células y retirando las viejas, incluidas muchas cancerosas o precancerosas. Ofrecerle los mejores materiales de construcción (nutrientes alcalinos) y los mejores obreros (las enzimas) es fundamental para nuestra salud.

Para adelgazar siempre se han utilizado dietas hiperproteicas, la última es la Dukan. Cada pocos años aparece una nueva dieta hiperproteica, disfrazada con nuevo nombre y una nueva campaña de *marketing*. Son todas peligrosas porque acidifican y agotan hígado, riñón e intestinos. Y encima rebotan al abandonarlas. Por eso, estas dietas han sido relacionadas con un mayor riesgo cardíaco, diabetes y otras enfermedades crónicas. Adelgazan pero el coste no es rentable para nadie, salvo para el bolsillo de algunos que las promueven. Consumir tanta proteína mata, o cuando menos nos enferma. Para digerir tanta proteína el cuerpo consume sus propios recursos energéticos, incluida la grasa acumulada, y así agota también nuestras enzimas internas. Seguir dietas hiperproteicas, aunque nos la faciliten médicos, es un suicidio. Sé de casos que siguiendo este tipo de dietas llegaron a desmayarse por la calle, de puro agotamiento físico. Incluso se usan para matar de hambre al hongo cándida alojado en el intestino, pero aunque en un principio parecen funcionar, al estar acidificando más el organismo, en realidad lo promueven. La cándida hay que eliminarla con una dieta alcalinizante cruda. Las dietas ricas en proteínas son tóxicas y no son una dieta vitalizadora, como es la basada en el consumo de batidos verdes crudos, la cual hace lo mismo —adelgazar— pero sin los inconvenientes de aquellas y aportándonos longevidad. Los batidos verdes crudos alcalinizan y adelgazan, dan vigor y energía, y lo mejor: promueven la salud tanto interna como externa. Las proteínas matan, mientras que los vegetales crudos sanan y adelgazan. Una dieta debe mejorar tu estado de salud, y si no, no es buena. Recuerda lo que decía Hipócrates: que tu alimento sea tu medicina.

El colesterol, otro mito

No es cierto que el colesterol sea malo. Lo malo es nuestra ignorancia. Este es un dato que poca gente sabe: el colesterol que se acumula en las arterias tiene la función natural de impedir que estas se agrieten tras haberse endurecido por el acúmulo de detritus procedentes de una **dieta hiperproteica**, y en realidad es el colesterol el que evita que se rompan, dando lugar a una fatal hemorragia. Ciertamente, el colesterol nos protege de nuestros abusos alimentarios, tratando de contrarrestar las secuelas del abuso proteico que compone la dieta diaria de la mayoría de los occidentales.

¿Hay que bajar el consumo de colesterol? No, las proteínas son lo que hay que bajar, pues el abuso de ellas es lo que explica que el colesterol sea fabricado a raudales por el hígado y enviado a corregir los estragos que estas producen. Si bajas la proteína bajará también el colesterol circulante no mucho después. ¿Nunca os habéis preguntado por qué el colesterol se deposita siempre en las arterias y nunca en las venas, cuya circulación más lenta debería propiciar su depósito? El colesterol nos protege porque tiene una función protectora de los vasos sometidos a presión (arterias) para que estos no se agrieten y se rompan causando severas y mortales hemorragias. Por esa razón no se deposita en las venas, cuyo retorno venoso más lento y suave no conlleva riegos de sobrepresión. Eso revela que la función a él asignada es soldarlas cuando se agrietan. Pregúntale a tu médico por qué no se deposita el colesterol en las venas, sino solo en las arterias, y valora la respuesta que te ofrezca.

El Estudio de China revela que las proteínas consumidas en las proporciones habituales de hoy en día por la mayor parte de la población (básicamente carne y pescado)

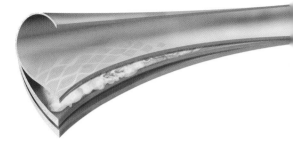

promueven también la aparición del cáncer, mientras que las dietas bajas en proteínas bloqueaban notoriamente su evolución. Tanto es así, que los investigadores llegaron a manejar la evolución del cáncer en ratones, promoviendo o deteniendo su avance, mediante la modificación de la cantidad de proteínas en su dieta. Y lo hicieron empleando proporciones proteicas similares a las consumidas por los seres humanos. Y después fueron más allá, porque observaron que no todas las proteínas producían el mismo efecto. ¿Adivinas cuál era la que más propiciaba el cáncer? Era la proteína de la leche de vaca, la *caseína*. Y a la inversa, ¿cuáles eran las proteínas que menos hacían avanzar el desarrollo del tumor? Por supuesto, las proteínas vegetales (garbanzos, soja, lentejas, alubias...) Todo esto hizo añicos las propias convicciones personales de los investigadores, para nada posicionados a favor de una dieta vegetariana que no seguían. Como la mayoría de nuestra sociedad, estaban atrapados en un sistema cultural que promueve el consumo de proteínas como alimento principal y diario. Así que ya sabes, si tienes cáncer deja de tomar proteínas y pásate a una dieta vegetariana rica en vegetales crudos y batidos verdes.

Este Estudio de China, llevado a cabo por la Universidad de Cornell, la Universidad de Oxford y la Academia Médica de China durante 27 años, se publicó en las mejores revistas científicas y aun así no ha sido capaz de derribar el mito de la necesidad de proteínas, porque los mitos humanos responden a otras razones, menos racionales, antes de ser desechados. Son razones ocultas, que se hallan en el subconsciente, y allí no es fácil entrar. Pero lo que realmente derriba el mito es la aparición de la enfermedad y su curación mediante el abandono de la dieta común hiperproteica y láctea, sustituyéndola por una dieta vegetal.

Y los batidos verdes crudos sirven notablemente a ello también, o quizá más aún que la propia dieta vegetal curativa. Lo demostró el Estudio de China, pues los que consumían mas alimentos animales (carne, huevos, leche) eran los más enfermos, y los individuos que consumían más alimentos vegetales eran los más sanos, y los que no contraían enfermedades crónicas. No era posible obviar esos resultados, pues sus autores hallaron más de 8000 asociaciones estadísticamente significativas entre diversos factores de la dieta rica en animales y la enfermedad. Tras más de un cuarto de siglo de investigación, el Estudio de China se convirtió en el estudio más completo sobre dieta, estilo de vida y enfermedad que se haya realizado con seres humanos en la historia de la investigación científica biomédica. ¿Curioso, no? Finalmente, sus autores demuestran su integridad e independencia revelando que las enfermedades cardíacas, la diabetes y la obesidad se pueden revertir mediante una dieta sana. Esta dieta es la dieta vegetariana que incluye alimentos integrales.

En la actualidad, comemos peor que nunca y sobre todo, más que nunca. Pero además, ¡lo hacemos más rápidamente que nunca! Después culpamos a dios o a la mala suerte, o a la genética por estar enfermos. Cualquier culpable es válido menos nosotros mismos. Sin embargo, nuestra ignorancia es la causa de nuestros males por lo que debemos buscar la información allí donde esta se halle, y con una mente abierta contrastarla.

Yo comparto esta información para que la contrastes, y si te resuena es probable que la experimentes. Pero la decisión está en tu mano. La salud se cultiva cada día y se cosecha un tiempo después. La salud no está esperándonos en la farmacia, al revés, allí están los venenos. Los medicamentos son de hecho la tercera causa de muerte en Estados Unidos

con más de 200 000 defunciones cada año. Nadie se asusta por estas cifras demoledoras.

El cáncer, la diabetes o la hipertensión son síntomas de que hemos consumido y agotado nuestro potencial de salud. Pero los batidos verdes crudos nos ayudarán a recuperarlo de nuevo. Si nos acogemos a la dietética e higiene natural, estaremos evitando caer enfermos y nos beneficiaremos a nosotros mismos, a nuestra familia y a la sociedad en general, siendo individuos útiles, sanos y productivos.

Si quieres estar sano, vital, fuerte, feliz y vigoroso, delgado y con energía como nunca has tenido, necesitas aliarte con tu naturaleza original. La salud nos la proporciona la naturaleza cuando la ponemos a nuestro servicio, sirviéndola a ella, es decir siguiendo sus reglas. Debemos ser aliados de las leyes naturales y no de los laboratorios farmacéuticos. ¿Cómo un cuerpo, que es capaz de reproducirse a sí mismo dando lugar a otro ser humano, no va a ser capaz también de curarse a sí mismo totalmente de cualquier enfermedad? Si no lo hace es por un problema de cultura naturista, es decir, porque nosotros no le facilitamos las condiciones para llevar a cabo su labor. Ignorar a la naturaleza y confiar en los laboratorios es nuestra perdición. Lástima que sus fracasos los comprobemos siempre tarde, pues los fracasos de la medicina los sepulta la tierra.

Es hora de tomar tus propias decisiones y transitar por la senda de la naturaleza para recuperar y mantener la salud. Los batidos verdes crudos son los aliados perfectos para recuperar y mantener la salud sin grandes artificios médico-científicos. Sencillamente te aportarán todo lo que necesita tu sistema orgánico y que tu dieta artificial estaba negándote. No solo eso, propiciarán un cambio global en tu vida.

Osteoporosis

Es una patología con una alta prevalencia, pero que no suele dar la cara hasta que se produce la primera fractura. El calcio es el mineral más abundante del organismo, con casi 1 kg en total, hallándose en los huesos casi en su totalidad, de donde es liberado por la glándula paratiroides

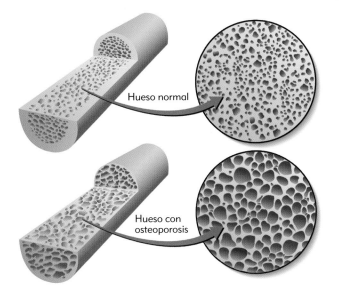

Hueso normal

Hueso con osteoporosis

con el fin de mantener un flujo con el organismo desde su lugar de acúmulo. La vitamina D y la calcitonina también lo regulan para que mantenga sus niveles correctos en relación al fósforo, siendo la calcitonina la que favorece su eliminación, y lo hace impidiendo su reabsorción.

Ya hemos dicho que los lácteos descalcifican, dada la sobredosis del mismo que introducen al organismo y ante ese exceso lo que hace el mismo es eliminarlo por el riñón sobre todo. Un buen modo de descalcificarse por tanto es tomar a menudo leche de vaca. ¡No seamos becerros! ¿Hasta qué edad pensamos seguir mamando?

Otra causa de descalcificación es el déficit de absorción grasa. Las grasas no se absorben en el intestino cuando el hígado no fabrica suficiente bilis para emulsionarlas y fraccionarlas en minúsculas gotitas que puedan ser fácilmente metabolizadas. Esto es debido al estado de agotamiento crónico e hipofunción del hígado, por una sobrecarga de cálculos internos secos y endurecidos, que lastran su funcionalidad. El problema es que si no se absorben las grasas tampoco se absorberá el calcio procedente de los alimentos. Por lo tanto, un hígado sucio promoverá la osteoporosis. Procura realizar varias limpiezas de tu hígado si quieres recuperar tu salud perdida.

Una dieta ácida, rica en alimentos refinados como la harina blanca y el azúcar también es descalcificante pues el azúcar requiere de la presencia del calcio para poder metabolizarse. Todos conocemos la relación entre la caries y el consumo de azúcar. Igualmente, el consumo regular de bebidas falsamente refrescantes (colas y demás) provoca la salida de grandes cantidades de calcio de huesos y dientes para paliar la súbita acidez con que inundan al organismo, actuando como una sustancia tampón o neutralizadora. No solo eso, el exceso de azúcar blanquilla presente en estas bebidas las convierte en productos a desechar totalmente, al menos si queremos tener salud ósea.

Los batidos verdes crudos en cambio aportan suaves dosis de calcio orgánico, fácilmente asimilable, y de un modo diario y continuo. Ello facilita su acumulación ósea progresiva y así evitamos también las patologías derivadas como son la artritis y artrosis. Dejando de consumir lácteos, azúcar, refrescos... y limpiando el hígado, conjuntamente con la adopción de alimentos crudos bebidos, tendremos más salud ósea a nuestra disposición, y será de un modo natural y sin intermediarios farmacéuticos. Ahora tú eliges...

Diabetes

No me voy a meter a fondo con esta patología tan actual que requeriría todo un libro para ella sola. Baste decir que es un estado ácido crónico del organismo por sobrecarga de todos sus sistemas de depuración interna.

Deben abandonar inmediatamente los lácteos para siempre y comenzar a alcalinizar su organismo y desbloquear sus sistemas de eliminación natural (hígado, riñón, intestino grueso, piel, sistema linfático). Para ello, lo ideal es una dieta cruda alcalina exclusivamente durante el tiempo

que sea necesario hasta revertir el estado. Para los diabéticos, un batido de zanahorias + espinacas + apio + 1 rama perejil resulta excelente, pero los que decidan tomar batidos verdes crudos deben vigilar intensivamente su nivel de azúcar en sangre, especialmente si usan frutas dulces. Las manzanas y la riqueza en magnesio de las hojas verdes de los vegetales les ayudarán progresivamente a corregir su enfermedad. La remolacha y la zanahoria pueden elevar sus niveles de azúcar notablemente, especialmente si consumen otros alimentos y no solo batidos, por lo que debe tasarlos de modo acorde a su nivel de azúcar en sangre a lo largo del día. Eso no quiere decir que sean malos, sino solo que su páncreas no es capaz de fabricar insulina suficiente para metabolizarlos y debe vigilar su ingesta.

Si estos pacientes consiguen limpiar su hígado con limpieza hepática también mejorarán el estado del páncreas, pues ambos órganos trabajan conjuntamente, y la producción de insulina con el tiempo se regulará.

Tener sobrepeso y muchos estrógenos nos hace resistentes al efecto de la insulina. Tener afectado el tiroides con hipofunción puede propiciar la diabetes y por eso la terapia con enzimas ayuda a solucionar no solo la diabetes sino también los problemas hormonales.

Una enfermedad tan crónica como la diabetes, a veces gestada durante toda la vida, no se revierte en unos días, pudiendo llevar años. Para ello se requiere el seguimiento de un experto, por lo que le aconsejamos que consulte a un buen terapeuta natural que sepa cómo se desenvuelve un cuerpo con salud.

Los diabéticos pueden hacer batidos con vegetales de todo tipo y usar frutas ácidas como pomelo, naranja o limón. Pueden añadir media cucharadita (de las de café) de canela en polvo o en ramita, que se ha revelado un excelente antidiabético. También deben usar la estevia como edulcorante, en vez de los clásicos endulzantes ácidos. La leche de alpiste también es muy conveniente para ellos.

TDAH

Los niños con TDAH (trastorno por déficit de atención e hiperactividad) se pueden beneficiar muchísimo de la ingesta diaria de batidos verdes crudos dada la gran cantidad de nutrientes que aportan. Este trastorno, sobrediagnosticado en la actualidad, tiene mucho que ver con el consumo de una dieta artificial, el abuso de colorantes y saborizantes en la misma (E-621 o glutamato monosódico) y productos embolsados para niños a base de maíz, con colorantes artificiales y con mucha sal. La enfermedad, cuando existe, es una sobreexcitación tóxica que se corrige volviendo a una alimentación natural, y no con fármacos[2] peligrosísimos que hipotecan la salud futura del niño. Cuídense de no drogar a sus hijos con farmacoterapia y denles los ricos batidos verdes de frutas y vegetales crudos que les devolverán la salud. La sociedad estigmatiza a estos niños, tratándolos como una precoz enfermedad mental que les impide prestar atención y los obliga a no parar quietos. Los paran con drogas muy peligrosas. Pero es falso que estén enfermos, tan solo están intoxicados, y la clave aquí una vez más es una alimentación alcalina que les resuelva la toxicidad interna.

Enfermedades por consumo de proteínas

La proteina animal es muy buena para activar el cáncer.
DR. T. COLIN CAMPBELL,
autor de *El estudio de China*

Comemos un número excesivo de proteínas diariamente. Esto no es fácil de entender para muchas personas, porque las proteínas animales están consideradas como un alimento de excelente calidad. Pero son un mito falso, eso sí, cientficamente aceptado y aprobado. Y mientras, los consumidores se convierten en enfermos crónicos a edades cada vez más tempranas. El Estudio de China[3] realizó un experimento con animales que demostró que los que consumían más proteínas, y lo hacían proporcionalmente al ser humano, eran los que desarrollaban cáncer de hígado.

El ser humano necesita más proteínas que nunca en sus fases de máximo crecimiento físico, que es durante el primer año de vida mientras es un lactante. Durante esa etapa, la leche materna es su alimento principal y exclusivo, la cual no contiene más de un 7% de proteínas. Por tanto, nunca en su vida va a necesitar más de esa cantidad de proteínas en su dieta, pues nunca mas crecerá a ese ritmo y velocidad. Muchas

personas comen actualmente mas del 40% de su dieta en forma proteica, lo que supone necesariamente un atentado a su salud, bloqueando todos los mecanismos de defensa del organismo.

En este estudio también se realizaron experimentos con ratones a los que se les redujo a la mitad la dosis de alimento diario y que resultaron ser más ligeros que aquellos que consumieron las proporciones habituales de comida. Esto nos lleva a pensar varias cosas:

- Estamos tomando mucha más proteína de la que necesitamos y encima es de mala calidad (animal), lo que nos provoca una sobrecarga orgánica, y especialmente al hígado.

- Otra de las consecuencias del abuso proteico es la creación de placas de ateroma en las arterias.
- Por último, estamos consumiendo más volumen de alimentos de los que necesitamos para sobrevivir con vitalidad, por lo que estamos acortando nuestro ciclo de vida. La longevidad va pareja a la sobriedad alimenticia.

Cardiopatía y proteínas

Las enfermedades coronarias son la primera causa de muerte en el mundo, por encima del temido cáncer incluso. La hipertensión y la arterioesclerosis la propician, siendo factores de riesgo: el tabaco, el sedentarismo y el colesterol por consumo excesivo de grasas saturadas. Sin embargo, como ya hemos comentado, hoy se está confirmando científicamente que el colesterol tiene en realidad una función vasoprotectora, y que no es causa, sino un efecto, que trata de impedir males mayores: la rotura de las arterias por acúmulo en sus capas de residuos procedentes del abuso proteico (la arterioesclerosis). Esto supone ver al malísimo colesterol con nuevos ojos.

El verdadero enemigo del corazón y el azote de sus vasos coronarios son las proteínas y su consumo inmoderado por la mayoría de la población occidental en la actualidad. Nunca se comió tanta carne y por eso *nunca hubo tantas muertes por infarto como en esta era hiperproteica*. Bajando el consumo de proteínas prevenimos el infarto cardíaco y el cerebral.

Cada vez más gente reconoce que el problema no es el colesterol, sino las proteínas que engrosan las capas arteriales y disminuyen la luz de los vasos coronarios dando lugar primero a *anginas de pecho* (dolor retroesternal de origen coronario) y luego a *infarto de miocardio* (falta de riego del músculo cardíaco con resultado de necrosis o muerte del mismo). Muchas personas que consumen grandes cantidades de proteína morirían súbitamente si no fuera porque el colesterol acude en auxilio de sus vasos coronarios estrechados, con la función de soldar e impedir que se agrieten, dando lugar a una fatídica hemorragia interna súbita. Pero este engrosamiento

termina por estrechar la luz del vaso, impidiendo el riego. Y el primer aviso es la *angina de pecho*, que nos revela la isquemia o falta de riego adecuada del músculo del corazón, un músculo que no se detiene ni un segundo en toda la vida.

El siguiente paso, en caso de que la angina no se resuelva, será el infarto del músculo cardíaco denominado miocardio. Y uno de cada tres infartados fallecen en el acto. Que cada uno decida si le merece la pena seguir dietas abusivas de proteínas. Sus secuelas algunos ya las conocemos, pero mucha gente aún desconoce todo esto.

Corregir el colesterol con fármacos del tipo de las «*estatinas*» que actúan sobre las enzimas que sintetizan el colesterol es un grave error con perversos efectos secundarios sobre el organismo, por lo que todo el mundo debería evitarlas. El verdadero problema son las proteínas, de ahí que cueste tanto bajar el colesterol. El modo de rebajar el colesterol no es consumir estos fármacos peligrosos durante toda la vida, sino sencillamente bajar el consumo de proteínas. Tomar más de un 7% de proteínas en la dieta, especialmente cuando se es adulto, es un error dietético como tantos otros que se cometen desde hace siglos. A principios del siglo XX los nutricionistas decían que había que consumir un 40% de los alimentos de origen proteico. Desde aquel entonces, los dietistas oficiales fueron bajando progresivamente la pauta recomendada, acercándose así a los planteamientos vegetarianos —lo cual siempre han hecho— y hoy reconocen que con un 15% es más que suficiente. Pero esta cantidad es aún el doble de la tasa recomendable. Muchas personas se acercan en sus comidas diarias a los planteamientos de principios del XX más que a los actuales. De ahí las tasas elevadísimas de mortalidad por enfermedades cardíacas.

Salud y enfermedad intestinal

*Estoy convencido de que la autointoxicación intestinal es la principal
fuente de sufrimiento y decadencia que afecta a nuestra sociedad.*

DR. B. JENSEN

La mucosa intestinal es el suave tapizado interno de ambos intestinos. En el caso del intestino delgado, está conformada por unas vellosidades pilosas que secretan moco y absorben nutrientes. Tienen una permeabilidad específica y precisa en estado de salud, pero cuando es invadida por el hongo *cándida albicans* se transforma, dejando paso al torrente sanguíneo de todo tipo de metabolitos producto de los alimentos sin digerir completamente y que al estar sin procesar se convierten directamente en tóxicos orgánicos. De ahí surgen la fibromialgia y múltiples patologías de difícil diagnóstico por causa de este hongo que tapiza internamente la pared intestinal, hundiendo sus raíces en ella, dando lugar al síndrome del intestino permeable (*Leaky Gut Sindrome*). Este síndrome consiste en una alteración de la pared que posibilita el paso a la circulación de micronutrientes no metabolizados que el organismo intenta revertir acumulándolos en la grasa de los tejidos, mientras el sistema linfático y el hígado trabajan a marchas forzadas para hacerse cargo de ellos, cosa que no suele ser posible por el previo colapso de los mismos. De hecho, si el hígado fabricase bilis suficiente, el hongo *cándida* no podría establecerse en la pared intestinal, desde donde llega también a la vagina e incluso en personas con pocas defensas asoma por la boca (*muguet*).

Los enfermos de fibromialgia sienten dolor por todo el cuerpo. Este es debido a que las toxinas se acumulan bajo sus tejidos mientras esperan que el agotado hígado pueda hacerse cargo de ellas. Por eso, no hay nada mejor que los batidos verdes crudos y la limpieza hepática e intestinal para estos pacientes, hasta hace bien poco negados por la medicina.

El estado del intestino se refleja externamente en la piel según nos dice la milenaria medicina tradicional china. Según aquella, la piel, el pulmón y los intestinos son órganos interconectados entre sí y el estado de los dos primeros refleja lo que está pasando a nivel intestinal. Igual que los enfermos del hígado reflejan su mal humor (ira) en la *facies hepática* —o cara de amargado— los padecimientos intestinales afloran por la piel. La piel es el tercer riñón, y evacúa toxinas mediante un líquido similar a la orina: el sudor. Por eso, las mejillas

o mofletes hinchados revelan sobrealimentación e hinchazón intestinal por fermentación. En cambio, las mejillas chupadas, secas, hundidas, revelan un colon deshidratado, acortado y estreñido. Fue Louis Kuhne quien en el siglo XIX explicó cómo las toxinas del bajo vientre, producto de una mala y excesiva fermentación, ascienden hacia la cara en una especie de efecto chimenea tal y como sucede con la espuma de una botella de cerveza recién agitada. Por esa razón, él prescribía baños de asiento y de frotación del vientre con agua fría para calmar el exceso de calor acumulado en el vientre, lo cual daba lugar a la putrefacción intestinal. Es decir, se trata de enfriar la excesiva combustión digestiva e intestinal que son una fuente de intoxicación orgánica. La inflamación (calor) de ambos intestinos era lo que había que corregir para que el trabajo digestivo retornase a la normalidad, es decir al equilibrio térmico que es inherente a la salud. Bien, pues los alimentos crudos batidos también corrigen este efecto de fermentación en intestinos inflamados, ayudando a desinflamarlos, y facilitando además la evacuación de los desechos allí contenidos.

Según sea el estado de tus intestinos, así será la calidad de tu vida. Las personas centenarias siempre poseen unos intestinos fuertes y sanos. En cambio los enfermos crónicos padecen siempre colitis, estreñimiento, gases excesivos, mala absorción... El peristaltismo son una serie de movimientos del colon en forma de onda hacia adelante, de tal modo que hacen progresar el bolo fecal para su evacuación por el ano. Es una reacción nerviosa de contracción y relajación del músculo liso intestinal, que de un modo automático va impulsando el residuo alimenticio hacia el exterior. Los gases ayudan a promover el movimiento, pero nunca deben ser excesivos, sino puntuales, ya que si no, denotan una fermentación superior a lo normal.

El estreñimiento es el estado de falta de tono intestinal o fuerza en el intestino grueso, lo que provoca la putrefacción interna de los residuos y la absorción de los tóxicos a la sangre, con la creación a su vez de una **placa mucoide** en el revestimiento interno o mucosa, diverticulosis, infecciones urinarias derivadas del atasco colónico, sobrecrecimiento bacteriano y finalmente cáncer de colon.

Las causas básicas del estreñimiento son la baja hidratación y la baja ingesta de fibra, y suele ir acompañado del prolapso o caída del colon transverso (segmento horizontal del mismo), y con su caída se afectan todos los órganos que están debajo de él: vejiga, útero, ovarios, recto,

próstata... El doctor Jensen, máximo experto mundial en depurar el organismo consideraba que cada comida debía evacuarse 18 h. después de haber sido ingerida, es decir el almuerzo o comida del mediodía debía eliminarse a la mañana siguiente, y proponía utilizar como testigo la remolacha ingerida ese día porque teñiría las heces con su color.

El mejor y más sano modo de corregir el estreñimiento es mediante una dieta rica en fibra no soluble, buena hidratación, deporte y defecar en cuclillas. En este último caso nosotros recomendamos adquirir un reposapiés y disponerlo siempre cerca del inodoro para cuando haya necesidad de usarlo porque nos proveerá de una postura más fisiológica para defecar, que es la posición de cu-

Pera de goma para lavativas

clillas. En caso contrario, el esfuerzo diario para la evacuación provocará hemorroides y cuando menos molestias y retrasos innecesarios en la evacuación de los residuos. Comprueba su eficacia y me lo agradecerás. Si no es suficiente, tendrás que utilizar lavativas que corregirán ese estado patológico que es el estreñimiento de un modo natural, pero el invento del reposapiés probablemente nos evitará tener que recurrir a ellas. Para lavativas te recomiendo adquirir una pera de goma o bien la bolsa de pic, o ambas. Las lavativas son naturales, no cronifican el problema y lo solucionan rápidamente. Se aplican usando agua templada, acostados en posición lateral izquierda.

Si queréis vivir muchos años y obtener calidad de vida, limpiad y purificad el intestino a diario con los batidos verdes crudos, y también ocasionalmente con otros procedimientos interesantes como son la hidroterapia de colon,[4] la tabla de Colema[5] y las cápsulas de Oxypowder.[6]

El colon sometido a excesos alimenticios hiperproteicos, con déficit de fibra y poca hidratación orgánica va formando una capa o costra por su cara interna que llega a endurecerse con los años impidiendo sus movimientos contractivos. Este recubrimiento tóxico, como si fuera la cámara de una rueda de bicicleta es la **placa mucoide**, y va disminuyendo la luz intestinal pudiendo tener más de un centímetro de grosor. De ahí al cáncer de colon es solo cuestión de tiempo, por eso insistimos en la importancia de limpiar a fondo el colon, si queremos retornar a la salud. Los intestinos son la raíz del árbol humano, y si las raíces se pudren todo el árbol caerá, por muy bonito que parezca por fuera durante un tiempo. Y, por cierto, la leche de vaca es uno de los peores enemigos del intestino, tanto el delgado como el grueso.

Candidiasis

El hongo *cándida* forma parte de la flora humana, pero en condiciones normales está bajo control del resto de las bacterias probióticas que conviven con él. Cuando se alteran estas condiciones y se promueve la acidez orgánica, la *cándida* se dispara y expande no solo por el colon sino por otras áreas del organismo, llegando a salir por la boca (*muguet*) o la vagina (*candidiasis vaginal*).

Este hongo prolifera en el intestino delgado porque nosotros se lo facilitamos con nuestro estilo de vida, y llega a recubrir grandes áreas del mismo hundiendo sus raíces (rizomas) en la pared intestinal dando lugar al *síndrome del intestino permeable* (*Leaky Gut Syndrome*), una enfermedad recientemente incluida en las nomenclaturas médicas. Consiste en el acceso de los metabolitos de la digestión al canal circulatorio por culpa de este hongo que perfora con sus raíces el intestino delgado. Estos metabolitos deben ser procesados por el hígado antes de ser vertidos al torrente sanguíneo, por lo que alteran el comportamiento del sistema inmunitario e intoxican el organismo dando lugar a la fibromialgia y el síndrome de fatiga crónica, entre otras patologías de diverso tipo (cutáneas, alergias, reumáticas...).

El mejor modo de eliminar la *cándida* es retirarle el sustrato que la promueve (el medio ácido procedente de las dietas ricas en proteínas, azúcares industriales, pastelería...) y alcalinizar no solo el intestino sino todo el organismo. Los batidos verdes crudos son excepcionalmente útiles para eso. Además, estos pacientes se pueden ayudar consumiendo extracto de semilla de pomelo y aceite y agua de coco.

Enemas de café

Fueron usados por primera vez por el doctor Gerson en la primera guerra mundial para calmar el dolor de los pacientes heridos en campos de guerra alemanes, a los que alimentaban por el recto al tener heridas en la cara incompatibles con la alimentación oral. El uso del café con cafeína fue por la falta de sedantes, pero pronto el doctor Gerson observó que obtenía múltiples beneficios derivados de estos enemas, así que los amplió al resto de sus enfermos en su práctica clínica, revelándose excepcionalmente útiles en todas las patologías. ¿Por qué? Porque provocaban la liberación y evacuación de toxinas del hígado. Efectivamente, el café por el recto no tiene las mismas propiedades que tomado por boca, y de hecho ha demostrado ser un método ventajoso para restaurar la función hepática porque mejora el flujo de bilis y reduce la cantidad de toxinas procedentes de células cancerígenas en el suero sanguíneo.

Modo de preparación

Echar 3 cucharadas soperas de café molido (no instantáneo, ni descafeinado), bien colmadas, en poco más de 1 litro de agua. Que hierva 3 minutos y luego dejar a fuego lento 15 minutos más. Filtrar el líquido y dejar reposar hasta que se temple a 37ºC. Use esta solución para aplicarla en forma de enema con una bolsa de irrigación colon denominada bolsa de Pic.

Para ello, cuelga la bolsa algún tirador de armario y sitúate en el suelo del cuarto de baño, sobre una toalla gruesa y recostado sobre el lado derecho para que penetre el café más al fondo del colon. Aplícate el introductor rectal, lubricado con vaselina en la punta, hasta que se vacíe dentro todo el litro de café a 37° C. Retira

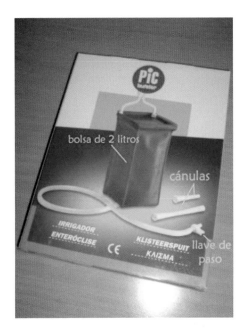

el equipo de irrigación de colon y retén la solución durante 15 minutos, sin moverte, sobre el mismo costado derecho o bien boca arriba.

Transcurrido ese tiempo, la cafeína se habrá absorbido y el enema habrá hecho su función a nivel hepático. No lo retengas más de 15 minutos. Si tienes dudas, te remito al libro del doctor Gerson que edita Obelisco.

La importancia del agua

Tu cuerpo tiene sed, aunque tú no lo notes. El instinto de la sed se ha perdido en muchas personas, especialmente en los mayores, pero también en muchos jóvenes. De hecho, muchas veces confundimos el

hambre con la sed, y buscamos fruta para comer cuando en realidad lo que el cuerpo necesita es agua. El instinto de beber hay que provocarlo y mantenerlo activo bebiendo. La cantidad de agua a tomar depende del clima y temperatura, pero por regla general es un mínimo de 2 litros al día, pudiendo duplicarse en verano con el sudor. Solo el agua hidrata, o el zumo natural de frutas. El agua de los batidos verdes crudos también ayuda.

Una costumbre muy sana y saludable es nada más despertarse tomar un gran vaso de agua caliente, de 400-500 ml aproximadamente. Siempre debemos arrancar el día con un gran vaso de agua templada –o caliente– al gusto. En invierno habrá que calentarla en un cazo porque no apetece nada tomarla fría. Muchas personas no beben suficiente en invierno por esta razón, especialmente los ancianos y terminan deshidratándose. El agua en invierno también hay que tomarla abundantemente, calentándola y eso ayudará a los riñones a despertar de su letargo nocturno y también al metabolismo en general, lo cual notaremos cinco minutos después mediante la aparición del hambre matutina.

A continuación, por ejemplo tras ducharse, podemos ingerir un desayuno que incluya tostadas de pan con tomate y aceite. El aceite nos facilitará la estimulación biliar y estaremos haciendo una minilimpieza hepática diaria, mediante el vaciado de la bilis matinal. Además, los hidratos del pan con el rico y sano tomate natural triturado –o rallado– nos permitirán arrancar el día con más vigor. Se puede complementar con una taza de leche vegetal si no queda uno satisfecho con las tostadas de

pan con tomate. Y también podemos ingerir antes del desayuno varias piezas de fruta.

Beber agua con las comidas es siempre un error. Hay que beber media hora antes un gran vaso, con lo que además de aplacar en parte el hambre, preparamos al estómago con líquidos para soltar sus jugos en la comida. Beber con la comida disuelve los jugos gástricos y los rebaja, neutralizando en parte su fuerza digestiva y retrasando por tanto la digestión. Si además el agua está fría peor que peor, porque la digestión requiere calor para llevarse a cabo y el agua fría la retarda. Por eso, algunas personas sienten que tienen que tomar infusiones tras la comida, para aumentar su calor digestivo. Pero el agua caliente también diluye los jugos por lo que la digestión no será buena. Hay que beber siempre media hora antes de comer y calentar el agua si es preciso previamente.

Lo ideal cuando hay poca fuerza digestiva es tomar pocos alimentos cada vez, y no mezclar varios de ellos ni beber agua al mismo tiempo. Podemos usar condimentos suaves que estimulen la digestión (cayena, curry, papaya, vinagre de manzana que contiene acido málico...).

Los que tienen gastritis (inflamación crónica de la mucosa del estómago) sienten que necesitan beber cosas frías con la comida cuando sus estómagos rugen con el hambre. Estos enfermos beben agua muy fría con la comida y además dicen que les sienta bien. Su inflamación gástrica o gastritis se aplaca con el agua fría porque esta rebaja la inflamación y el calor del estómago. Con el tiempo terminarán padeciendo de hipoclorhidria o incluso atrofia gástrica si persisten en estos hábitos erróneos o los corrigen con fármacos tipo *Omeprazol* y los antiácidos tipo *Almax*®. Estos fármacos son muy perjudiciales a la larga, pero entonces ya nadie los relacionará con la gastritis, que fue por lo que se les recomendó.

El agua hay que tomarla siempre en los períodos entre comidas, al menos media hora antes y siempre tres horas después de haber comido. Debes tomar al menos cuatro vasos de medio litro cada uno al día, antes del desayuno, a media mañana, a media tarde y el último al menos una hora antes de acostarte, todos ellos escapando de las comidas.

El agua nos regula la tensión arterial. La tensión baja la sube y la alta la baja. Es mecánica de fluidos: si la sangre está bien hidratada circula mejor que si está deshidratada, y el sistema de regulación no tendrá que subir la fuerza de su presión (tensión arterial) para enviar la sangre a todos los capilares porque no habrá tanta resistencia. Es como un río que va medio seco y lleno de barro, o uno con agua abundante que corre saltarín. El problema es que si sube mucho la presión se pueden romper las cañerías (arterias) dando lugar a hemorragias, y si la sangre va muy espesa, tal como les sucede a muchas personas mayores, puede dar lugar a trombosis por aglutinamiento de los componentes de la sangre medio coagulada en los vasos por la deshidratación crónica. Son los ictus y accidentes cerebrovasculares, muy típicos de los que están mal hidratados. Si estás cansado, somnoliento, hipotenso, mareado, con dolor de cabeza y la piel seca y escamosa es que estás crónicamente deshidratado.

El agua activa el metabolismo y no solo eso, rebaja el apetito. Las ganas de beber se recuperan bebiéndola suficientemente. Solo el agua hidrata, los refrescos no, al revés deshidratan. Están pensados para provocar

sed y al igual que sucede con el café te obligan a beber al poco tiempo. Si no tomas agua, los refrescos al poco te estarán deshidratando porque te roban el agua extracelular y si no bebes agua pronto te vaciarán incluso la del interior de las células. Por eso, llega un momento en que no quieres más refrescos y necesitas agua pura.

La longevidad tiene mucho que ver con la hidratación. Fíjate los niños, sus cuerpos son ricos en agua, tienen hasta un 75% en su organismo, mientras que los ancianos tienen solo un 50%. Esa rigidez de arterias, músculos, tejidos... es deshidratación. Si no bebes te quedarás rígido

y seco también. Pero si quieres vivir muchos años deberás hidratarte bien, algo que la mayoría no hace engañados por un falso instinto de la sed. Además hay estudios que revelan una relación entre el bajo consumo de agua y el cáncer (colon, pecho...). También los cálculos renales y de la vesícula (y del interior del hígado) se originan por beber insuficientemente. Es normal que se depositen como si fueran sedimentos de un río que lleva poca agua y mucho lodo.

¿Qué agua beber? Por supuesto, la del grifo no, excepto que la filtres con un buen filtro de ósmosis inversa. Contiene contaminantes químicos como cloro y arsénico, cuando no metales pesados. Además según las regiones, contiene mucha cal que precipita renalmente sobre todo. Por eso es peligroso beber agua del grifo en zonas de baja humedad, pues suele ser de mala calidad. En todos los casos debe tomarse filtrada. Hoy día hay filtros de ósmosis inversa muy económicos (sobre 70 euros) a la venta en centros de bricolaje, para instalarlos uno mismo bajo el fregadero de casa. Ahorrarás mucho dinero al no tener que comprar agua embotellada.

Las sales minerales presentes en el agua son *inorgánicas* y aunque

Filtro de ósmosis inversa

influyen a nivel osmótico, afectando a la proporción de liquido intra y extracelular por los iones que contienen, en realidad estas sales no son asimilables. Tal y como sucede con la adición de sal común (cloruro sódico) a la dieta, lo único que hacen es sobrecargar al riñón y atascarlo, ya que el cuerpo los trata de eliminar por esa vía o por el sudor. En cambio las sales minerales presentes en los vegetales, hortalizas y frutas son completamente *orgánicas* y asimilables instantáneamente por el organismo. También el agua que contienen las frutas y verduras es de la máxima calidad, y sus sales minerales son rápidamente incorporadas a los tejidos orgánicos, lo que se traduce rápidamente en un mejoramiento de la piel y mucosas.

Si compras agua embotellada elige una marca con mineralización débil porque así no sobrecargará tus riñones con minerales inorgánicos inasimilables que darán lugar a cálculos. Elige un agua suave y no pesada, pero es mejor que adquieras un filtro de ósmosis inversa con varios prefiltros de carbón activado. Así filtrarás el agua de la traída municipal en tu casa y ahorrarás mucho en dinero y en esfuerzos de cargar cajas y botellas de agua. Incluso dispondrás de ella para cocinar.

Decocciones e infusiones

Si padeces de una pérdida de sales por diarrea, ejercicio extremo, fiebre importante... ya hemos dicho que no tomes refrescos para recuperar los iones perdidos porque aparte de estar tirando el dinero no te traerán más que problemas de salud. Tómate un buen batido verde crudo y tendrás las sales minerales (sodio, potasio, magnesio...) que precisas y de paso estarás hidratando y nutriendo convenientemente a tus células.

Una forma de remineralización *orgánica* del organismo es utilizar una decocción de la planta *cola de caballo* en los batidos verdes crudos. Los múltiples oligoelementos que contiene, especialmente el silicio, desempeñan un papel relevante en los terrenos óseos, vascular, respiratorio

y nervioso. Kneipp y Lezaeta consideraban a esta planta (*Equisetum Arvense*) casi como una panacea, tanto para cicatrizar heridas como para desintoxicar el organismo y recuperar la salud.

Además también podemos usar otras decocciones e infusiones. La diferencia entre decocción y infusión es que en las segundas el agua se retira una vez ha hervido, mientras que en la decocción se deja varios minutos hirviendo con la planta. Estas infusiones y decocciones a base de plantas se pueden usar también para combinarlas con los vegetales crudos

batidos. Por ejemplo *boldo* para los problemas de hígado, combinado por ejemplo con hojas de *diente de león,* también batidas. Crearemos así batidos verdes específicos para patologías específicas, utilizando las plantas medicinales acordes a la patología que queramos revertir.

Tabaco, alcohol y drogas

A veces no nos explicamos por qué algunas personas tienen tendencia al consumo de sustancias adictivas. Al margen de otras razones psicológicas, las adicciones y los antojos alimentarios tienen en común que ambos conllevan un déficit de nutrientes vivos o enzimas, los cuales han sido agotados por nuestro estilo de vida y alimentación muerta.

Cuando proveemos al organismo de todos estos nutrientes vivos presentes en los batidos verdes crudos, les estamos dando una oportunidad a las células y tejidos orgánicos de satisfacer todas sus necesidades reales, con lo cual en poco tiempo termina desapareciendo el síndrome de abstinencia, porque en realidad se trata más bien de un síndrome de carencia de nutrientes.

LAS MÁQUINAS
EXTRACTORAS

Existe una diferente terminología en los países de habla castellana para referirse a estas máquinas, lo que puede generar cierto desconcierto inicial cuando uno lee textos o sigue videos en la red. Por ello, hemos realizado esta tabla, con el léxico comparativo de España y los diversos países americanos que hablan nuestra misma lengua.

DIFERENCIAS LÉXICAS		
España: Licuadora **América**: Extractora de jugos o juguera	**España**: Batidora de brazo o batidora de mano **América**: Licuadora de mano	**España**: Batidora de vaso **América**: Licuadora

¿Batidora o licuadora?

¿Batidora o licuadora? ¿Cuál elegir? He ahí la cuestión. Sin embargo, la respuesta es fácil: las dos, así de claro. Se puede adquirir una en primer lugar y luego otra, pero son deseables las dos porque tienen distintas funciones como su nombre indica. La licuadora extrae el zumo o jugo exclusivamente y desecha toda la fibra. La batidora, bien sea de vaso o bien de brazo, muele con sus cuchillas rotatorias a miles de revoluciones y la convierte en puré más o menos espeso, según la cantidad de agua, zumo o leche vegetal añadidos al vaso contenedor. Al poco de batirlas, estas fibras flotarán y se irán a la superficie, espesándose más y más. Pasado un breve tiempo de su preparación, y antes de tomarlas, tendrás que volver a revolverlas con una cuchara de madera para que se mezclen bien con el jugo. También puedes retirar un poco de la fibra si lo deseas menos espeso.

En cambio, el zumo extraído con licuadora (extractora de jugos o juguera en América) siempre permanece líquido, y también al día siguiente, aunque algo más oxidado. Podemos añadirle un limón (o medio limón) para ayudar a su conservación mediante el ácido cítrico que contiene. Los zumos son siempre más fáciles de beber pues no contienen grumos, y lo mejor es que se absorben muy rápidamente en el organismo, pasando casi directamente a la sangre. El problema es que no contienen la beneficiosa fibra intestinal, tanto soluble como insoluble, y sus múltiples beneficios que ya hemos citado.

Ambas fórmulas —batido y zumo— son recomendables y también dependiendo del estado digestivo podemos optar por uno u otro, o bien por los dos. Batido con la fibra sacia más el apetito y dura también más la sensación de llenado digestivo que licuado, pero en ocasiones nos interesa que llegue pronto el chorro nutritivo a las células, por lo que optaremos por el zumo. Además, algunas frutas necesitan licuadora/extractora y otras en cambio de batidora de vaso. Por ejemplo, el plátano tiene muy poco jugo y es siempre mejor batirlo añadiéndole otros zumos o agua. Es fibroso y sabroso pero no vale para licuar. Al aguacate le sucede igual, y a otras muchas frutas como fresas, bayas de Goji, uvas pasas, moras, ciruelas pasas, arándanos... Saborizan y dan muchos nutrientes, pero no contienen mucha agua y hay que aportársela y batirlas con ella. Si no desperdiciaríamos casi todo licuándolas.

En cambio, las zanahorias, remolacha, manzanas, sandía, etc... nos dan unos zumos abundantes y apetitosos, porque son ricos en agua. Una forma de licuar si no tienes juguera o licuadora es batir las frutas y verduras, y después pasarlas por un colador que retenga la fibra y deje pasar el jugo. Hay que apretar y escurrir bien la pulpa para que suelte todo el contenido líquido que contiene. La ventaja de este modo de extracción es que el esfuerzo te convencerá muy pronto de la importancia de adquirir una licuadora o juguera.

Licuadoras/extractoras de jugos centrífugas convencionales

Son las más comunes, baratas y utilizadas. Entre ellas hay también varias gamas. Contienen en su interior una cesta de acero, agujereada lateralmente y con dientes en la base, que gira a gran velocidad arrancando el zumo de los alimentos y separándolo de la pulpa, que es desechada a un contenedor lateral. Las más recomendables son las que contienen una gran boca por la que caben manzanas enteras (recuerda quitarles antes las semillas), lo que nos permite hacer una gran cantidad de jugos rápidamente para toda la familia. Pero su velocidad es también su mayor desventaja, porque oxidan el zumo, ya que mezclan el oxígeno con el mismo y por así decirlo lo «queman». Esa es la teoría comercial, pero la realidad según mi experiencia es que no es para tanto y que cualquier zumo se oxida simplemente por estar en mero contacto con el aire, por lo que es recomendable siempre taparlos y colocarlos en la nevera, ya que el frío conserva sus enzimas. Ojo, es probable que los fabricantes de licuadoras mucho más caras no estén de acuerdo con mi criterio, pero yo considero que lo más importante es tomar zumos de crudos, aunque formen espuma y haya una pequeña oxidación al extraerlos. De ahí la necesidad de tomarlos al momento.

Otro «problema» de las licuadoras/extractoras de jugos es que desechan la fibra, tanto soluble como insoluble, que son pectinas y mucílagos imprescindibles para la flora y la motilidad intestinal, incluyendo el desecho de las toxinas. Eso es precisamente lo que a mi juicio hace superiores a los batidos verdes crudos frente a los simples zumos o jugos, pues la fibra solo debe descartarse en algunos procesos patológicos con alta irritación intestinal (Crohn,

colitis...) que nos sugieren la necesidad de un descanso fisiológico del intestino.

La fibra soluble en cambio frena el tránsito y suaviza la pared intestinal —la pectina de las manzanas por ejemplo, o de la zanahoria— de ahí que se recomiende para casos de diarrea.

Son más recomendables los aparatos que tengan más potencia (1000 W) para que no se *gripen* (atasquen) con las hortalizas tipo zanahoria o remolacha, por lo que debéis mirar las características técnicas, tamaño, válvula antigoteo, jarra receptora... y no solo el precio. Hay muchos en Internet y generalmente para uso en domicilios son suficientes los más baratos.

El uso continuado y el esfuerzo suele ir parejo a su duración, sobre todo si metemos muchas zanahorias de golpe. De ahí la importancia de que la máquina tenga potencia, en Watios. No deben forzarse, ni darles el trabajo de la barra de un bar, porque no lo aguantan, pero para empezar considero que las más baratas (1000 W) son las más recomendables.

La sequedad de los residuos nos dará una idea de sus cualidades extractoras, pero ello requiere compararlas en vivo con otras máquinas, más que leer opiniones al respecto en Internet. También bajándoles a la menor velocidad (suelen traer 2 velocidades) de extracción pueden extraerse los jugos con más calidad, pero para ello hay que meter menos cantidad, e ir más lento de lo que nos permite habitualmente la máquina. Para extraer jugos más lentamente y mejor se han creado otras máquinas más específicas, que son las siguientes.

Extractor de jugos de bajas revoluciones

Obtienen el zumo de frutas y verduras a pocas revoluciones por minuto (sobre 70 rpm) lo que le confiere al mismo mayor calidad y sabor, es decir se conservan las cualidades nutricionales. Esto es debido a que en el trabajo extractor no se genera calor por la rápida rotación de la cubeta extractora contra las hortalizas, frutas y verduras, ni se mezcla el aire y el zumo a toda velocidad dando lugar a espuma. Se trata por tanto de un prensado en frío, más sano y eficaz. Además hacen cosas imposibles para las licuadoras convencionales como es extraer jugo de germinados o hierba de trigo/alfalfa. Su alto precio está bajando conforme más usuarios deciden hacerse con uno, pero en todo caso valen cuatro veces más que las licuadoras más baratas de alta velocidad. Yo no los considero indispensables porque lo único indispensable es tomar batidos crudos, sean hechos con lo que sea, y si es con es-

tos extractores lentos pues mejor, por supuesto, pero no todo el mundo puede permitírselos.

Para ver todo tipo de máquinas recomiendo ver las siguientes páginas web:

- Conasi.eu
- Frigelu.com
- Extractoresdezumos.com
- Angel-juicer.es

Extractores de un solo eje

Funcionan a menor velocidad que los centrífugos, incluidos los de baja velocidad. Extraen el jugo mediante masticación con un eje dentado que aprieta la pulpa vegetal y la desmenuza arrancando sus vitaminas y minerales por aplastamiento. Por eso se les llama *masticadores*, y sacan la fibra prácticamente seca por un lado y el beneficioso zumo

por el otro. No se les pueden meter muchos alimentos cada vez, porque van reposadamente extrayendo sus

jugos y para ello están provistos de una boca estrecha que impida el agarrotamiento por exceso introductor. También los hay manuales, mas baratos pero menos eficaces.

Marcas conocidas y buenas son el Hurom y Versapers que son máquinas de 300 euros en adelante.

Extractores de doble eje

También llamados *trituradores* porque primero machacan la fruta o verdura y luego la prensan, apretándola contra un filtro. Funcionan a bajísimas revoluciones con una doble hélice por la que atraviesan los alimentos dejándolos completamente secos. Son los mejores sin duda para obtener los jugos de verduras, incluida la dura hierba de trigo por ese doble proceso de extracción. También de los germinados extraen todo el líquido que contienen. Inconveniente: son máquinas muy costosas, pero lo costoso no siempre es caro. Por ejemplo, tenemos la Greenstar (600 euros en adelante) y la Angel-Juicer, que posee nada menos que 3 caballos de potencia, es decir mucha fuerza a pocas revoluciones. Por eso, son las más caras también.

Por citar un inconveniente —a mi juicio importante— de estos aparatos, aparte del precio, es que desechan

toda la fibra, con lo que mermaremos nuestra salud intestinal porque la fibra es muy necesaria y beneficiosa para el tránsito intestinal. Afortunadamente, para eso tenemos las batidoras de vaso, que conservan la fibra y extraen también los jugos suficientemente.

Batidoras de vaso

La más famosa en Internet es sin duda la Vitamix. Es una batidora profesional que tiene 3 CV de potencia y que es una herramienta excelente... si tienes una cafetería donde ofrezcas zumos, o bien te dedicas a la cocina o repostería profesional. Es una máquina inagotable en el tiempo (dicen que dura para toda la vida) y que no se calienta. Tiene mucha fuerza y es muy eficaz, y quizá por eso es la reina de las batidoras de vaso. Problema importante: su precio, acorde con su rango y cualidades, alrededor de 900 euros.

La mía es una marca blanca que funciona de maravilla, tiene vaso de cristal y costó tan solo 25 euros. La relación calidad/precio es por tanto inmejorable, pero es obvio que no puede ser igual a una máquina que cuesta casi 1000 euros, aunque no voy a tomarme la molestia de comprobarlo, por supuesto. Al menos, mientras la use solo en mi domicilio y por unos pocos minutos al día.

Yo recomiendo también la *Solac BV5722, Professional Hixter*, de 1000 W que cuesta sobre 70 euros. Incluye un filtro adaptado que permite hacer zumos, leches vegetales y hierba de trigo. Es el «todo en uno» más económico y profesional. Un truco para limpiarlas es echar agua en un poco de jabón y batir todo, procurando que no se derrame espuma.

Enjuagar bien a continuación y lista para usar de nuevo.

Algunos señalan que las batidoras de vaso o de brazo no sirven para la hierba de trigo porque no la aprovechan completamente, aunque yo sí la uso para ello. La hierba queda sin color, con sus hilos blancos de celulosa, lo que demuestra que ha entregado su jugo a las cuchillas. También suelo usar la batidora de brazo para batirla, pero lo ideal sería una trituradora o masticadora si tienes libertad de costes. Los sibaritas no estarán de acuerdo, pero recuerda que el peor zumo de trigo es el que no se extrae ni se bebe. Más o menos perfecto, el caso es tomarlo.

Batidoras de brazo

Suelen venir acompañadas de instrumentos para batir, picar y de un vaso medidor. Su potencia ronda de 500 a 800 W habitualmente. La reina es la *Minipimer* de Braun, por ser la más conocida de las versiones de este electrodoméstico. Sirven para batir poca cantidad de alimentos cada vez, pero a cambio está su facilidad de uso y lo práctico de su tamaño.

Chufamix

Es un utensilio para elaborar zumos y leches vegetales a partir de

semillas y cereales. Consta de un vaso filtrador y otro mayor en el que se inserta. Se usa con una batidora de brazo y nos permite ahorrar fabricando en casa nuestras leches vegetales (ver www.chufamix.es).

Residuos

Los residuos son abundantes con el uso de la licuadora/extractora de jugos debido a la cantidad de fibra (pulpa y piel) que desecha la máquina. Hay quien usa por ejemplo la pulpa de zanahoria para hacer pastel con ella, pues aún contiene nutrientes sanos y beneficiosos además de la sana fibra. En todo caso, si tienes un huerto, puedes aprovecharlo para hacer un compostaje de excelente calidad para abonar tus cultivos (de estevia o de hierba de trigo, por ejemplo).

Ayunos con batidos verdes crudos

El ayuno es la mas antigua y mejor terapia que existe para contrarrestar los estados de enfermedad que pueden padecer tanto las personas como los animales. Los animales

lo realizan de modo instintivo cuando se enferman, revelándonos así el camino que emplea la naturaleza para curarlos. El ayuno lo practican los humanos desde la antigüedad, y lo incluyeron en sus ritos de purificación no solo porque desintoxica sino también porque activa y acelera las capacidades mentales de un modo notable. Con el ayuno, las toxinas acumuladas por el organismo se eliminan, resolviéndose la enfermedad

que estas desencadenan, y por eso el ayuno ha sido definido como una *cirugía sin bisturí*.

Enfrentar un ayuno prolongado requiere experiencia y fuerza mental que no todos poseen. Consiste en permanecer un largo período de tiempo, que puede ser de un mes o más, sin comer ni tomar nada excepto agua. En ese intervalo, que puede ser desde 1 día hasta 40, el organismo va consumiendo todo lo que le sobra y eliminándolo por la orina principalmente, pero también por los demás emuntorios (piel e intestino) si le ayudamos con enemas y movimiento físico suave diario. El ayuno previene y devuelve la salud. Por eso, un ayuno ocasional de un día a la semana colabora en las labores de limpieza interna del organismo, y así fue incluido en las prácticas religiosas de aquellos que desean purificarse, porque el cuerpo es el templo del alma.

A las 48 horas, el hambre desaparece y el metabolismo se invierte dejando de obtener energía a partir de los alimentos del exterior y pasando a obtenerla de los depósitos acumulados en los tejidos orgánicos. El ayuno es un recurso del organismo para los períodos de crisis alimentaria, que le otorga una capacidad de sobrevivir durante días, hasta que encuentre alimentos.

El ayuno es un complejo proceso dirigido por el organismo para su propio bien y por eso no es peligroso si se sabe cómo funciona. El hambre se retira a los dos días y vuelve cuando el proceso de limpieza se ha terminado, sintiéndose de una forma especial en la garganta, que nos revela así que hay que comer de nuevo.

El peligro sin embargo lo provocan los conceptos erróneos con respecto a la comida y el no saber cómo funciona un cuerpo en ayunas. Este peligro consiste en volver a comer de un modo precipitado y sin progresividad, lo cual ha matado gente que fue realimentada a la fuerza por sus familias. Hay que deshacer el ayuno poquito a poco, se requiere de 4 a 5 días de progresiva alimentación cada vez más nutritiva y completa. Detener un ayuno de golpe puede ser mortal, y por eso hay que estudiar primero cómo volver a la normalidad. Afortunadamente hay muchos libros de ayuno y grandes expertos que ya hemos citado aquí[1] a los que se puede consultar.

Sin embargo, ahora se nos presenta una nueva oportunidad con los batidos verdes crudos. Tomar solo

batidos durante varios días o semanas nos procura los beneficios del ayuno (catabolismo de residuos tóxicos) y los beneficios de la reconstrucción orgánica (anabolismo o biosíntesis). Mediante los procesos anabólicos se crean las moléculas necesarias para formar nuevas células y curar las pa-

tologías que de otro modo nos conducirían a la muerte. Esta segunda parte la facilitan los batidos verdes crudos, con la ventaja de que no vamos a pasar hambre, excepto la psicológica inicial.

El cuerpo se administrará a sí mismo y se equilibrará con el aporte externo que le ofrezcamos en pocos días, pero será la mente el caballo más difícil de domar. El poder del

hábito es la madre de muchos males humanos, pero también de los bienes. Dirigir nuestros hábitos nos conduce hacia la salud o la enfermedad, el éxito o el fracaso en todo lo que hagamos. Y todo hábito comienza con un pensamiento que se repite. La clave está en elegir lo que pensamos, pues de ahí surgen nuestros hábitos.

vaciado del colon y además alimentan la sangre con enzimas, clorofila, vitaminas y minerales.

Estos batidos nos facultarán para poder seguir haciendo nuestras actividades diarias sin tener que recluirnos, viviendo el ayuno en soledad y tranquilidad para evitar agotarnos por el déficit de nutrientes. Es decir, con los batidos verdes crudos

Por tanto, entre ayunar con agua, o con zumos y batidos, considero que es mejor lo segundo. Podemos ponernos enemas durante el ayuno porque son muy depurativos y facilitan la liberación de todo tipo de tóxicos. Pero el hecho de tomar batidos y no solo zumos o agua que no tienen fibra, hace que el colon sea barrido cada día, sin necesidad de tener que lavarlo vaciarlo con enemas. Los batidos verdes crudos ya hacen el

¡podremos llevar el ritmo de vida habitual, y con más vigor incluso mientras nos regeneramos con el ayuno! Os recomiendo ver el documental *«Gordo, enfermo y casi muerto»*, donde el protagonista corrige sus parámetros analíticos totalmente alterados consumiendo solo jugos verdes crudos durante dos meses, y lo comparte con otros necesitados para que vean que es posible vivir y recuperar la salud de esta manera.

Somos víctimas de nuestros prejuicios y lo pagamos con nuestra salud, pero el ayuno cura y previene todas las enfermedades, aunque no a todos los enfermos porque no todos están preparados para entenderlo, y muchos prefieren seguir el consejo de una autoridad médica que jamás lo ha aplicado a su vida. Dice con razón el doctor Wayne Dyer que alcanzamos nuestro más alto nivel de ignorancia cuando rechazamos algo de los que no sabemos nada.

Antes de ponerte en manos de tu médico pregúntale cuántas de esas pastillas ha probado en sí mismo, y si le crees tómatelas. Yo prefiero seguir a médicos y no médicos que practican en su cuerpo lo que predican como bueno para la salud, y después lo reflejan en su cara, su alma y su cuerpo. A la salud orgánica se la distingue bien en la cara y el cuerpo, independientemente de la edad. ¿Tu médico refleja esa salud? Si no es así, cámbialo. Los antiguos médicos chinos cobraban una cuota por mantener sanos a sus clientes, y cuando se les moría uno ponían un farolillo rojo en su puerta. Por el número de farolillos se sabía quién era el médico que mejor manejaba el arte de sanar. Hoy día es más complicado saber cuál es el médico adecuado, pero sin duda el hecho de que practique lo que pregona ayudará a determinarlo. Incluidos los terapeutas naturistas.

Los ayunos con batidos pueden ser de un solo día o bien de más. Lo ideal es hacerlo con hierba de trigo que es muy nutritiva y reconstituyente, pero podemos también utilizar otras verduras y frutas. Las frutas evitarán el bajón de energía porque contienen azúcares que serán aprovechados para cualquier actividad que realicemos. De ahí que algunas fórmulas de ayuno utilicen sirope de savia que es azúcar procedente del arce o de palma. Este sirope ayuda a desintoxicar y además del dulce azúcar natural que nos mantiene con energía durante el ayuno, aporta minerales como calcio, fosforo, zinc, sodio, potasio, manganeso, magnesio, hierro y vitaminas A, B_1, B_2, B_6, E...

Las frutas de los batidos verdes crudos cumplirán perfectamente esta función sin necesidad de recurrir al sirope, que tampoco es mala opción si así se desea, pero además las enzimas y nutrientes de los vegetales crudos que utilicemos nos darán muchas sustancias neutralizadoras de la acidez y regeneradoras del organismo.

También pueden realizarse ayunos de tres días o de fin de semana. Tras una larga vida sin dejar descansar nunca al aparato digestivo, concederse un descanso alimentario de 72 horas puede ser milagroso para nuestra salud física y mental. Más aún si incorporamos a nuestro estilo de vida prácticas como la limpieza del hígado y del colon. Desde luego la limpieza del colon es imprescindible en todo proceso de ayuno, especialmente si es solo con agua o zumos, o acumularemos en él todo tipo de mucosidades y detritus eliminados por el organismo. Con los batidos será también beneficiosa, pero mucho menos imprescindible, de ahí su clara ventaja a mi juicio.

Los puristas dirán que si se consumen frutas no se entrará en ayuno puro, y es verdad, pero es justamente de lo que se trata, de purificar el organismo sin que este se vea postrado y sin que tenga que permanecer quieto y descansando durante ese tiempo. Y que, además, de paso se esté curando. Es por así decirlo, una variante del ayuno tradicional que nos permite darle al cuerpo lo que le falta para reorganizarse, que son las enzimas, vitaminas y minerales. Y eso es lo que le proporcionan los batidos verdes crudos, además de agua.

Puedes hacer un total anual de 52 días de ayuno con batidos si ayunas un día a la semana, lo que equivale a realizar esos 52 días en un año, pero de un modo mucho más fácil.

El riesgo de los ayunos, repito está en cometer excesos en la vuelta a la normalidad alimenticia que debe ser progresiva y lenta, comenzando por líquidos cada vez más espesos y energéticos, y siempre a lo largo de varios días. Remito al lector a publicaciones más específicas cuyas explicaciones no caben aquí como *La curación por el ayuno* de Alexi Suvorin, un clásico o bien remitirse a otros textos *higienistas* sobre el tema.

Epílogo

Vivimos en un entorno alimentario peligroso por tóxico, con un bombardeo publicitario de comida basura (hamburguesas, *pizzas*, galletas...) desde el nacimiento, y todo esto está conformando la enfermedad social y cultural que padecemos. Grandes grupos alimentarios obtienen pingües beneficios vendiendo alimentos antisaludables, que alteran el sentido del gusto para siempre y que nos enseñan y obligan a dejar de comer alimentos saludables, y lo que es peor, generan adicción por la comida basura. Los sencillos alimentos vegetales son ahora despreciados por los niños, que prefieren fuertes sabores que seducen su paladar y lo corrompen por el uso de saborizantes peligrosos como el potenciador de sabor glutamato monosódico (GMS) etiquetado como E-621, una

sustancia que debiera estar prohibida por la administración. Es tan dañino como el alcohol y la nicotina, y se emplea para dar sabor a alimentos procesados, congelados y enlatados, siendo en realidad una neurotoxina, potente y legal, que introducimos en nuestro cuerpo sin darnos cuenta. Vigilad las etiquetas y no consumáis alimentos procesados, sino frescos y con garantía orgánica.

A las corporaciones alimentarias les da igual que te mueras envenenado, pero eso sí, que sea lentamente, para que no se note la relación causal de sus productos, y al igual que

sucede con las farmacéuticas solo piensan en sus cuentas de resultados, no en tu salud. Las grandes corporaciones alimentarias y farmacéuticas no tienen conciencia, porque sus consejos directivos se componen de economistas que solo miran el mercado y sus ventas. Únicamente el dinero les importa, tú y yo no.

Por eso has de buscar la autonomía alimentaria en los productores locales orgánicos en la medida de lo posible y debes convertirte en agente de tu propia salud. Hay que dejar de ser *pacientes* que esperan que los sabios de bata blanca —que no saben curarse a sí mismos— les manden un tratamiento mágico que les restaure la salud perdida mediante drogas de *farmafia*. Debemos, en cambio, convertirnos en agentes de nuestra salud renovada, buscando respuestas lógicas que nos ayuden a escapar del cerco alimentario al que las corporaciones y la sobreexplotación intensiva de los campos nos atan.

La salud empieza por nuestros alimentos. Los alimentos orgánicos pueden ser más caros, pero contienen también cerca del doble de nutrientes que los no orgánicos, lo cual les hace justiprecio. Y además son más sanos porque tienen muchos menos nitratos. Debemos consumirlos

crudos en suficiente medida para que nos protejan y sanen.

Los batidos verdes crudos de vegetales orgánicos solucionan muchos problemas de salud y nos devuelven al camino que nunca debimos abandonar. No me creas, compruébalo todo siempre antes de creerlo. Sé escéptico con todo lo que te digan, incluido con este libro. Pero comprueba cómo los batidos verdes crudos mejorarán tu vida y salud para siempre. Seas vegetariano, carnívoro, vegano u omnívoro, si decides incorporar a tu vida los batidos verdes crudos vas a beneficiar siempre a tu organismo. ¿Por qué? Porque aportan nutrientes básicos que ayudarán a corregir los defectos que contiene tu dieta corriente. Más aún, si los consumes exclusivamente te devolverán la salud en cualquier patología que padezcas, y muy pronto notarás sus beneficios en tu vida.

Entre tantas dietas como se inventan los seres humanos cada cierto tiempo, muchas de ellas peligrosas, los batidos verdes crudos terminarán revelando su poder porque al final lo que importa es lo que funciona. Y funcionan porque coinciden con lo que la naturaleza ha dispuesto para el ser humano: que debemos comer vegetales crudos en una gran proporción cada día.

El cuerpo se cura cuando lo ponemos en las condiciones idóneas para que pueda hacerlo. Si estás intentando curarte, elige un alimento vivo, porque tu medicina debe ser tu alimento. Los batidos verdes crudos son maravillosas fuentes de enzimas, fibra, nutrientes y color. Prácticos, rápidos, sencillos y muy sanos. ¡Lo tienen todo!

Precisamos de una nueva cultura de la salud, un nuevo paradigma que nos libere del dolor y nos revele las leyes de la naturaleza que nos rigen.

Un nuevo marco que nos devuelva la verdad de que la salud está en nuestras manos cuando sabemos qué debemos hacer. En este libro hablamos de eso, y espero que te haya ayudado a variar tus hábitos de vida por otros más saludables. El hecho de haberlo comprado ya revela tu disposición. Ahora espero no haberte defraudado y haberte mostrado un nuevo camino hacia tu salud personal. Deseo sinceramente que te sirva y te funcione, y luego que ¡lo compartas!

¡Salud-os amig@!

CARLOS DE VILANOVA

Notas

Introducción

1. El autor es también el creador del blog de la limpieza hepática http://la-limpiezahepatica.blogspot.com

2. Nuestros dos hijos son vegetarianos desde su nacimiento, han crecido magníficamente, y ahora están en la universidad.

Primera parte

1. Autora de «Smoothie, la revolución verde», Gaia ediciones, 2014.

2. Por eso los animales carnívoros tienen un intestino muy corto, para una rápida eliminación sin putrefacción de los residuos de la carne.

3. El mejor modo de evacuar gases es colocarse sobre un costado y darse masajes alrededor del ombligo y al poco moverse sobre el otro costado y repetir la maniobra, de tal modo que los gases retenidos vayan progresando por las curvas del colon hasta ser expulsados. Los gases pueden dar dolores incluso en el pecho porque tienden a subir y cuando cenamos tarde, combinamos muchos alimentos o simplemente tenemos mala digestión crónica pueden llegar a hincharnos la cara y los mofletes por la mañana. Revelan indigestión, por las razones que sea.

4. El plátano maduro, con manchas oscuras se ha revelado en estudios realizados en Japón como un potente antitumoral. Los plátanos no solo son ricos en potasio, sino también en calcio, magnesio, flúor, vitaminas del complejo B, hierro y selenio.

5. Hiromi Shinya. «La enzima prodigiosa». Ed. Aguilar, Madrid, 2013.

6. El doctor Howell refiere que «las enzimas son destruidas completamente al ser calentadas en agua a una temperatura de 48 a 65° C. Calentando las enzimas a 48° C durante largos períodos de tiempo o calentándolas hasta 65° C por breves períodos las destruye. Cocinándolas de 60° C a 80° C por media hora destruye completamente cualquier enzima».

7. En todo aquello que la medicina no tiene respuesta, el sistema médico hegemónico emite un razonamiento fácil, basado en el mito y en la credulidad del paciente, que consiste en definirlo como de causa psicológica o producido por un virus.

Compruébelo. Pocas veces hay la suficiente humildad de reconocer que se desconoce el verdadero origen de algo y es tan dogmático que raramente considera la opinión del paciente como algo digno de tener en cuenta.

8. La hipótesis de Warburg es una teoría de origen del cáncer postulada en 1924 por el fisiólogo alemán Otto Heinrich Warburg. Esta hipótesis sostiene que lo que conduce a la carcinogénesis es una respiración celular defectuosa causada por un daño en las mitocondrias. El efecto Warburg describe la observación de que las células cancerosas, y muchas células cultivadas in-vitro, hacen uso de la glicólisis seguida de fermentación láctica como fuente de energía, incluso si hay oxígeno en cantidad apropiada para la respiración. En otras palabras, en vez de desarrollar un proceso de respiración completo en presencia de cantidades adecuadas de oxígeno, las células cancerosas fermentan, esta observación demostrable se conoce actualmente como efecto Warburg. (Wikipedia).

9. Max Gerson, «A Cancer Therapy: Results of Fifty Cases».

10. Charlotte Gerson. «La Terapia Gerson: el programa nutricional definitivo para salvar vidas». Ediciones Obelisco, 2011.

11. Equivale más a o menos a una taza de 250 ml llena de verdura de hoja, y algo aplastada.

Segunda parte

1. El aceite de coco puede adquirirse con garantías en la web de Mónica Gómez (www.dietametabolica.es).

2. La tela de quesero (o gasa de quesería) es un tejido con características alimentarias, es decir que puede entrar en contacto directo con los alimentos sin perjudicarlos. Está fabricada con fibras naturales sin colorantes, ni químicos y lo habitual es que sea de algodón. Es una tela resistente, que soporta incluso los hervidos, pero es recomendable desinfectarla tras su uso, precisamente hirviéndola en agua durante dos minutos. Se venden en Internet por poco más de 1 euro, pero cualquier tela fina y limpia que tengamos por casa puede sustituirla.

3. Véase «Guía para limpiar el hígado, la vesícula y los riñones» del mismo autor.

Tercera parte

1. El argumento económico de que comer carne agota los recursos del planeta se debe al hecho de que cultivar las grandes plantaciones de soja para dar de comer a las vacas, que a su vez serán el alimento de las personas de una pequeña parte del mundo, servirían en cambio para alimentar a grandes regiones del mundo con hambruna, si se les proveyese directamente de esos granos ricos en proteína.

2. Gracias al metabolismo, los carbohidratos se descomponen en azúcares simples, las proteínas en aminoácidos y las grasas en ácidos grasos. Aproximadamente en 24 h. la comida ingerida se expele por el recto. Si es más tiempo lo denominamos estreñimiento y si es menos diarrea, según el grado.

3. Costra dura y seca, que puede tener centímetros de grosor, que se forma en la mucosa del colon por una dieta errónea, baja en fibra y agua, y rica en

proteínas. Impide el peristaltismo, la absorción de nutrientes y propicia el cáncer de colon entre otras muchas patologías relacionadas.

4. Louis Pasteur (1822-1895), químico y microbiólogo, elaboró la teoría microbiana por la cual los bacilos o gérmenes son los causantes de las enfermedades. Es el paradigma actual aún, a pesar de haberse demostrado por quien fue su amigo y mentor, el fisiólogo Claude Bernard, que la homeostasis o equilibrio interno es lo que determina la infección. El paradigma de Pasteur es el que sirve de argumento para vacunar y usar antibióticos para destruir a estos microbios, obviando que ellos no se multiplican en terrenos orgánicos limpios. Después de todo, los gérmenes están por todos lados en el organismo, y solo cuando se altera la homeostasis proliferan como decía Bernard. Un medio interno limpio hace que no se necesiten antibióticos ni vacunas ni medicamentos. Hay una leyenda apócrifa que señala que Pasteur en su lecho de muerte reconoció que Bernard tenía razón diciendo: «Bernard tenía razón, el terreno lo es todo». Pero su orgullo le llevó a reservarse esta opinión hasta la hora de su muerte. De hecho, la vida de Pasteur está llena de claroscuros en otros aspectos. En todo caso, sirvió a los intereses farmacéuticos para vendernos antibióticos en vez de que el arte médico nos procurase un medio interno limpio, en cuyos tejidos no pudiesen vivir los gérmenes, tal y como señalaban ya los naturistas del XIX Kuhne, Kneipp, Priessnitz, Rikli, Hahn, etc.

5. *El Estudio de China*, de T. Colin Campbell, Editorial Sirio. Es el estudio mas completo jamás realizado sobre nutrición. Desde donde lo queramos ver, la salud de Norteamérica y de los países occidentales está empeorando. Cada vez gastamos más dinero en asistencia sanitaria y, sin embargo, dos tercios de la población tiene sobrepeso y 15 millones de norteamericanos padece diabetes. Las enfermedades cardiovasculares tienen la misma incidencia que hace treinta años, y la guerra contra el cáncer, lanzada en la década de los setenta, ha sido un fracaso estrepitoso. Casi la mitad de la población toma medicamentos cada día, y más de 100 millones de norteamericanos tienen el colesterol demasiado elevado. Los jóvenes enferman más que antes y un tercio de nuestros niños tienen sobrepeso o está en camino de tenerlo. Además, un tipo de diabetes que antes solo afectaba a los adultos, está incidiendo cada vez más en los niños. El estudio de China muestra cómo la dieta occidental ha llevado a un crecimiento generalizado de los problemas de salud más comunes, como la obesidad, la diabetes, el cáncer y las cardiopatías. El estudio de China aporta pruebas irrefutables de que una dieta vegetal lleva a una salud óptima y es capaz de detener e incluso revertir el desarrollo de muchas enfermedades.

6. Asociación para la autogestión de la salud Sumendi. www.sumendi.org

7. Ver: www.escueladesaludgallego.es

8. Según el naturópata y dietista Juan Torróntegui, la leche puede producir hasta 32 tipos diferentes de alteraciones o patologías que cita detalladamente en su artículo «32 Razones para abandonar la leche» en la Revista

Natural Nº 92, dic-2014, pag. 10. Ver en www.naturalrevista.com.

Cuarta parte

1. Ver el libro «Cuidados sin fármacos en niños febriles» del mismo autor. Oeral Ediciones.

2. MFD: Metilfenidato, vendido bajo el nombre comercial de Ritalín, Ritalina, Rubifen, Methylin, Concerta, Ritrocel, Aradix, Medikinet, Metadate y Focalin. Es un inhibidor de la recaptación de los neurotransmisores dopamina y noradrenalina, haciendo que estos permanezcan más tiempo en las sinapsis o uniones neuronales. Según Almudena Reguero, periodista especializada en temas de salud y terapias naturales, y autora del libro «Mi hijo es hiperactivo y distraído» (Bohodón Ediciones) entre sus efectos secundarios están los trastornos del sistema nervioso: insomnio, convulsiones, tics motores y verbales, ansiedad, irritabilidad, agresividad, depresión y cambios de humor. También se ha demostrado que un tercio de los niños desarrollan síntomas de comportamiento obsesivo compulsivo. Puede causar alucinaciones visuales, pensamientos suicidas y comportamiento psicótico, que puede derivar en una conducta agresiva y violenta según advierte la Administración de Alimentos y Drogas de Estados Unidos. Además también problemas gastrointestinales como náuseas, vómitos y pérdida de apetito, trastornos endocrinos como pérdida de peso o problemas de crecimiento. Puede provocar cefalea, erupciones cutáneas, pérdida de cabello, dolor articular y muscular. Uno de los efectos más graves es el aumento de la presión arterial, taquicardia, dolor de pecho y problemas de corazón e incluso la muerte súbita en niños con anomalías cardiacas subyacentes.

3. T. Colin Campbell y Thomas M. Campbell II. *El estudio de China*. Editorial Sirio, 2012.

4. Es una técnica de limpieza del colon, a presión y temperatura regulada, en una clínica especializada para arrancar la costra o placa mucoide que recubre la cara interna del mismo. Soluciona múltiples problemas de salud derivados del mal estado intestinal. Ver: www.adhico.com

5. Tabla adaptada al inodoro para limpiar el colon en su propia casa por un módico precio. Ver www.colema.com

6. Cápsulas de hidróxido de magnesio en polvo que sueltan oxígeno que limpian las incrustaciones del intestino. Ver en: www.oxypowder.com

Quinta parte

1. Dr. Shelton, Mosseri, Landáburu, Jensen, Núñez Gallego, Palomar, Bizkarra.

Bibliografía

Documentales recomendados

Buscadlos en youtube, están todos doblados o subtitulados en castellano. Te renovarán emocional y mentalmente, y apoyarán notablemente en tu búsqueda de la salud verdadera.

- Forks over Knives – Salva tu vida
- Simplemente crudo: revertir la diabetes en 30 días
- Diabetes – Epidemia global
- Gordo, enfermo y casi muerto
- Food Inc – Corporaciones alimentarias
- Super Size Me – Un mes comiendo hamburguesas
- Salud en venta: el negocio de las farmacéuticas
- Medicamentos y dinero
- Earthlings – abuso animal

Bibliografía

Ann Wigmore. «Salud y vitalidad con la Hierba de Trigo». Océano-Ámbar, 2000.

Blanca Herp. «Cómo curan los zumos verdes». RBA Editores, 2013.

Carlos de Vilanova. «Guía para limpiar el hígado, la vesícula y los riñones». Sirio Editorial, 2014.

Charlotte Gerson y Morton Walker. «La terapia Gerson». Obelisco Ediciones, 2011.

Cherie Carlbom. «El gran libro de los jugos y batidos verdes». Casa Creación, 2014.

Dr. Bruce Fife. «El milagro del aceite de coco». Sirio Editorial, 2014.

Gitta Lénárt. «Bebidas alcalinizantes». Edaf, 2013.

Hiromi Shinya. «La enzima prodigiosa». Aguilar, 2013.

Humbart Santillo. «Enzimas alimenticias». Hohm Press, 1993.

Jorge Sintes Pros. «Virtudes curativas de la zanahoria». Obelisco Ediciones, 2014.

K.A. Beyer. «La cura de savia y zumo de limón». Obelisco Ediciones, 1992.

Lita Lee y Lisa Turner. «Enzimoterapia». Edaf, 2014.

Neil Stevens. «WheatGrass, Hierba de trigo». Sirio Editorial, 2014.

Nestor Palmetti. «El Proceso Depurativo. Guía práctica para resolver

problemas crónicos». (www.espa-
ciodepurativo.com.ar).

Steve Meyerowitz. «Ayuno con zumos y
desintoxicación». Obelisco Ediciones, 2005.

Vic Sussman. «La Alternativa Vegetariana». Integral Ediciones. Barcelona,
1986.

Victoria Boutenko. «La revolución verde». Gaia Ediciones, 2013.

Dietética natural

Ladietistaraquel.es
Anamoreno.com
Mundovegerariano.com

Internet

Web de Jane Plant: www.JanePlant.com
Raw Food: http://vivirdivinamente.es
www.extractoresdezumos.com
www.wheatgrass.com
www.notmilk.com/
www.cocinemosjuntos.com

La dieta de los BATIDOS VERDES

Índice